ESTRATEGIA INTELIGENTE

Teoría de Grupos, IA, Teoría de juegos, y Gestión para Negocios sin Fronteras

CONSULTORIA IA

Copyright © 2024 CONSULTORIA IA

All rights reserved

The characters and events portrayed in this book are fictitious. Any similarity to real persons, living or dead, is coincidental and not intended by the author.

No part of this book may be reproduced, or stored in a retrieval system, or transmitted in any form or by any means, electronic, mechanical, photocopying, recording, or otherwise, without express written permission of the publisher.

Cover design by: Art Painter
Library of Congress Control Number: 2018675309
Printed in the United States of America

A NUESTRA FAMILIA

CONTENIDOS

Titulo

Derechos de autor

Dedicatoria

Breve Reseña

Porque leer este libro

Audiencia Objetivo

Prefacio

Capítulo 1: El Poder de los Equipos Efectivos y la Innovación en Grupo

Capítulo 2: IA Aplicada a la Estrategia Empresarial y Toma de Decisiones Predictivas

Capítulo 3: Teoría de Juegos y Anticipación Competitiva

Capítulo 4: Gestión Global y Adaptación Intercultural

Capítulo 5: Innovación Estratégica y Resiliencia Organizacional

Apéndices

BREVE RESEÑA

Este libro aborda un enfoque integral para desarrollar estrategias avanzadas en un mundo de negocios globalizado. Está diseñado para líderes empresariales, estrategas y tomadores de decisiones que buscan no solo sobrevivir, sino prosperar en un entorno complejo y altamente interconectado.

La obra se divide en cuatro ejes principales:

1. Teoría de Grupos: Aquí se explora cómo los conceptos de cohesión, estructura y roles dentro de un grupo pueden optimizar la eficiencia y adaptabilidad de las organizaciones. Desde equipos pequeños hasta conglomerados multinacionales, se analizan dinámicas grupales que fortalecen la cooperación y alinean los objetivos colectivos en función de los resultados deseados.

2. Inteligencia Artificial (IA): El libro profundiza en cómo integrar IA para potenciar la capacidad de análisis y automatización en los negocios, logrando decisiones más rápidas y precisas. Se examina el uso de algoritmos y modelos de aprendizaje profundo como herramientas para analizar patrones de mercado, prever comportamientos de consumo y adaptar estrategias de manera dinámica.

3. Teoría de Juegos: Esta sección proporciona un enfoque táctico a través de la teoría de juegos para entender y anticipar los movimientos de competidores, clientes y otros actores en el mercado. Se presentan modelos y casos prácticos donde la teoría de juegos ayuda a maximizar beneficios y a estructurar decisiones con visión a largo plazo.

4. Gestión para Negocios sin Fronteras: En el mundo actual, los negocios deben estar preparados para operar sin barreras geográficas. Esta parte aborda la gestión intercultural, el liderazgo remoto y la adaptación a diferentes marcos regulatorios. Además, se examinan estrategias para gestionar el riesgo en un entorno global y para aprovechar las oportunidades emergentes en mercados internacionales.

Con un enfoque aplicado y respaldado por estudios de casos, este libro es un recurso esencial para cualquier líder que busque construir una estrategia sólida, adaptable y global en el cambiante escenario de los negocios del siglo XXI.

PORQUE LEER ESTE LIBRO

Leer "Estrategia Inteligente: Teoría de Grupos, IA, Teoría de Juegos, y Gestión para Negocios sin Fronteras" es esencial para quienes buscan herramientas y conocimientos avanzados para sobresalir en un mundo empresarial que cada vez exige mayor adaptabilidad y capacidad de análisis estratégico. Estas son algunas razones clave para adentrarse en sus páginas:

1. Comprensión Profunda de la Estrategia Moderna: El libro integra la teoría de grupos y la teoría de juegos para explorar dinámicas grupales, competencia y cooperación, ofreciendo una base sólida para entender y predecir los comportamientos del mercado y los actores dentro de él.

2. Aplicación Práctica de la Inteligencia Artificial: Proporciona una guía clara para implementar IA en procesos de negocio, desde la automatización hasta la inteligencia predictiva, ayudando a las empresas a mejorar la eficiencia y a tomar decisiones informadas y oportunas.

3. Enfoque en la Competencia Global: En un mercado sin fronteras, este libro enseña cómo gestionar organizaciones interculturales y cómo superar desafíos regulatorios y culturales en distintos entornos internacionales.

4. Herramientas para la Toma de Decisiones Complejas: Con el uso de la teoría de juegos, se obtienen insights sobre cómo prever y responder a las estrategias de los competidores y maximizar los beneficios en situaciones de incertidumbre.

5. Casos de Estudio y Ejemplos Prácticos: No se trata solo de teoría; el libro ofrece estudios de caso y ejemplos que ilustran cómo los conceptos pueden aplicarse en situaciones de negocio reales, lo cual facilita la traducción de la teoría a la práctica.

En resumen, este libro ofrece un enfoque avanzado y multidimensional de la estrategia empresarial, lo cual resulta indispensable para quienes deseen obtener una ventaja competitiva real en un entorno global. Además, sirve como una guía práctica para transformar ideas innovadoras en acciones concretas, con el respaldo de las últimas tendencias en IA y un enfoque adaptado a la globalización actual.

AUDIENCIA OBJETIVO

La audiencia objetivo de "Estrategia Inteligente: Teoría de Grupos, IA, Teoría de Juegos, y Gestión para Negocios sin Fronteras" abarca a profesionales y líderes empresariales que buscan enfoques innovadores y bien fundamentados para mejorar sus estrategias en el contexto actual de los negocios globales. Los perfiles específicos a los que este libro resultará especialmente útil incluyen:

1. Directores y Ejecutivos de Empresas: Para quienes ocupan roles de liderazgo, este libro proporciona una visión estratégica que combina teoría y práctica, ayudándoles a anticipar movimientos del mercado, mejorar la coordinación de equipos y tomar decisiones informadas.

2. Emprendedores y Fundadores de Startups: En el competitivo mundo de las startups, este libro brinda las herramientas necesarias para comprender cómo posicionarse en mercados complejos, gestionar el crecimiento y tomar decisiones ágiles en entornos de incertidumbre.

3. Consultores de Estrategia y Gestión: Este libro ofrece una sólida base en teoría de juegos, IA y gestión global, dándoles a los consultores un conjunto de recursos valiosos para asesorar a sus clientes en cuestiones de innovación y expansión.

4. Estudiantes de MBA y Programas de Posgrado en Negocios: Para los estudiantes avanzados de negocios, economía o gestión, esta obra representa una herramienta completa para comprender conceptos clave de estrategia empresarial moderna aplicados a casos de negocio del mundo real.

5. Analistas de Estrategia y Datos: Aquellos en roles de análisis encontrarán un recurso valioso para entender cómo utilizar modelos de teoría de juegos y algoritmos de IA para prever y adaptarse a los patrones del mercado.

6. Gerentes de Proyectos y Líderes de Equipos: Con su enfoque en la teoría de grupos y la gestión global, el libro proporciona principios prácticos para optimizar la coordinación y productividad en equipos multiculturales y geográficamente distribuidos.

PREFACIO

En un mundo en constante cambio, donde la globalización y la tecnología redefinen a diario el panorama empresarial, desarrollar una estrategia efectiva se ha vuelto más desafiante —y más esencial— que nunca. "Estrategia Inteligente: Teoría de Grupos, IA, Teoría de Juegos, y Gestión para Negocios sin Fronteras" surge de la necesidad de ofrecer una guía integral que permita a líderes y organizaciones prosperar en este entorno cada vez más complejo y competitivo.

Este libro fue concebido para equipar a los lectores con una caja de herramientas de última generación, en la cual se conjugan teoría y práctica desde múltiples disciplinas. Exploramos los elementos de la teoría de grupos para entender las dinámicas y estructuras internas de las organizaciones, cruciales para formar equipos cohesionados y motivados que puedan adaptarse a los cambios y colaborar eficazmente. A esto se suma la inteligencia artificial (IA), cuya capacidad para transformar la información en conocimiento brinda a las empresas una ventaja estratégica en la toma de decisiones y en la eficiencia operativa. Luego, la teoría de juegos nos permite modelar y anticipar los movimientos de otros actores clave del mercado, optimizando nuestras respuestas para maximizar beneficios. Finalmente, en un contexto global donde las barreras nacionales se desdibujan, la gestión intercultural y la flexibilidad en la organización se tornan esenciales para operar sin fronteras.

A través de este libro, pretendo no solo ofrecer una visión académica, sino también herramientas y ejemplos prácticos que faciliten la implementación de estos conceptos en situaciones reales. A lo largo de mi carrera he observado cómo las empresas —desde startups hasta corporaciones multinacionales— luchan por adaptarse a los nuevos tiempos. Mi objetivo es proporcionar un recurso que permita navegar estos desafíos con confianza y claridad.

La lectura de "Estrategia Inteligente" es un viaje que los llevará desde los fundamentos hasta el futuro de la estrategia empresarial. Está dirigido a quienes tienen la ambición y la visión de sobresalir en un mercado global; a quienes, en lugar de ver en el cambio una amenaza, reconocen en él una oportunidad para innovar y liderar. Al embarcarse en estas páginas, los invito a adoptar una mentalidad de aprendizaje continuo y adaptabilidad, que son la esencia de cualquier estrategia inteligente.

Espero que encuentren en este libro inspiración, claridad y dirección para sus propios desafíos empresariales.

CAPÍTULO 1: EL PODER DE LOS EQUIPOS EFECTIVOS Y LA INNOVACIÓN EN GRUPO

En el acelerado y competitivo entorno empresarial actual, el éxito de una organización depende en gran medida de su capacidad para innovar y adaptarse con rapidez. Las ideas no surgen en aislamiento; los logros no son producto de un esfuerzo individual. En cambio, las soluciones innovadoras, la toma de decisiones estratégicas y la capacidad para superar desafíos dependen de la sinergia de equipos efectivos. La teoría de grupos y la teoría de juegos, así como los avances en inteligencia artificial (IA), nos brindan herramientas poderosas para entender y construir equipos de alto rendimiento, desbloqueando el verdadero potencial de las personas en un entorno colaborativo.

Un equipo efectivo va más allá de una simple reunión de talentos individuales. Se trata de una estructura viva y dinámica en la que los miembros, roles y procesos se coordinan en perfecta armonía para alcanzar objetivos comunes. Este capítulo explora los fundamentos de cómo construir y gestionar equipos de alto rendimiento, utilizando estrategias que optimizan tanto la cohesión como la productividad, maximizando el impacto de la innovación en grupo. En un entorno empresarial sin fronteras, un equipo de alto rendimiento no es solo una ventaja; es una necesidad.

1.1 La Estructura de los Equipos de Alto Rendimiento

Para construir un equipo de alto rendimiento, la estructura del equipo es tan importante como las personas que lo integran. En esta estructura, cada miembro tiene un rol específico, que se complementa con los demás para crear un conjunto cohesionado y eficaz. Según la teoría de grupos, una estructura bien diseñada permite que las habilidades individuales se potencien entre sí, produciendo resultados que exceden la suma de las partes.

1. Claridad en los Roles y Responsabilidades: Cada miembro debe entender claramente su papel dentro del equipo. Los roles bien definidos ayudan a evitar la duplicación de esfuerzos y reducen la fricción causada por la ambigüedad. Al definir las funciones, es esencial asignarlas en base a las habilidades y fortalezas individuales, lo que incrementa la eficiencia y garantiza que cada miembro aporte valor de manera óptima.

2. Diversidad y Complementariedad de Habilidades: Un equipo efectivo debe tener una combinación diversa de habilidades y perspectivas. En vez de optar por la homogeneidad, los líderes deben buscar miembros con habilidades complementarias y antecedentes variados, lo cual promueve la creatividad y mejora la capacidad de resolver problemas complejos. Estudios en teoría de grupos han demostrado que la diversidad cognitiva impulsa la innovación al integrar diferentes puntos de vista y enfoques.

3. Confianza y Respeto Mutuo: Un factor clave para el éxito de los equipos de alto rendimiento es la confianza. Esta permite que los miembros expresen sus opiniones, tomen riesgos calculados y colaboren sin temor al juicio negativo. Además, el respeto mutuo promueve un ambiente en el que cada contribución es valorada, lo cual fortalece la cohesión del equipo.

4. Cohesión y Compromiso con los Objetivos: La cohesión se construye cuando los miembros comparten un sentido de pertenencia y compromiso hacia el equipo. La teoría de juegos resalta la importancia de los objetivos comunes como un incentivo clave para alinear los intereses individuales con el propósito del grupo. Cuando los miembros ven los logros del equipo como propios, están dispuestos a colaborar y a aportar sus mejores esfuerzos para alcanzar los objetivos.

5. Liderazgo que Facilita y Motiva: Un equipo eficaz necesita un liderazgo que inspire, facilite y mantenga el enfoque en los objetivos. Los líderes efectivos no solo asignan tareas, sino que también actúan como mediadores y facilitadores, promoviendo la comunicación y eliminando obstáculos. Además, el líder debe ser capaz de adaptarse a las necesidades cambiantes del equipo, proporcionando orientación cuando es necesario y alentando la autonomía cuando corresponde.

1.2 Dinámica de los Equipos de Alto Rendimiento

La dinámica de un equipo es la interacción y la manera en que los miembros trabajan juntos. Comprender la dinámica de equipo es fundamental para optimizar el rendimiento y prevenir conflictos internos. Las teorías de grupo y juegos nos enseñan que el comportamiento y la toma de decisiones dentro de un equipo se ven influenciados por varios factores, incluidos los incentivos, la comunicación y los conflictos potenciales.

1. Incentivos y Motivación: Los incentivos juegan un papel crucial en la motivación de los equipos. Estos pueden ser tanto tangibles (bonos, promociones) como intangibles (reconocimiento, crecimiento profesional). La teoría de juegos sugiere que, cuando los incentivos están alineados con los objetivos del equipo, se incrementa la cooperación y se reduce la competencia interna. Es fundamental que estos incentivos sean equitativos y percibidos como justos para todos los miembros del equipo.

2. Comunicación Abierta y Transparente: Una comunicación eficaz es la piedra angular de un equipo de alto rendimiento. Sin una comunicación abierta y transparente, las barreras y los malentendidos pueden frenar el progreso y crear tensiones. La transparencia en las decisiones, los objetivos y los procesos fomenta la confianza y asegura que cada miembro esté alineado con la visión y las metas del equipo. Para facilitar la comunicación, las herramientas de IA pueden ayudar a gestionar la información, generando reportes, organizando tareas y optimizando los flujos de trabajo.

3. Gestión de Conflictos y Resolución de Problemas: En cualquier grupo de personas, es inevitable que surjan conflictos. Sin embargo, en un equipo de alto rendimiento, estos deben ser abordados de manera constructiva. La teoría de juegos introduce el concepto de "juegos de suma cero" y "juegos de suma no nula" para gestionar conflictos: en lugar de ver las diferencias como una competencia donde solo uno puede ganar (juego de suma cero), los equipos deben adoptar un enfoque de "suma no nula", buscando soluciones que beneficien a todos.

4. Retroalimentación Constructiva y Mejora Continua: Un equipo efectivo busca siempre mejorar sus procesos y resultados. La retroalimentación constructiva permite a los miembros del equipo aprender de sus errores y ajustar sus métodos. Las reuniones de revisión, los análisis de desempeño y los ajustes de procesos son esenciales para el desarrollo continuo. La IA, además, puede ser una herramienta poderosa en este aspecto, ya que facilita el seguimiento de indicadores de rendimiento, permitiendo detectar áreas de mejora en tiempo real.

5. Adaptación y Flexibilidad: En un entorno empresarial en constante cambio, la adaptabilidad es fundamental para el éxito del equipo. Los equipos de alto rendimiento son capaces de ajustar sus estrategias y roles según sea necesario, adaptándose a nuevos desafíos y oportunidades. En este contexto, la IA puede proporcionar información basada en datos que facilite una toma de decisiones más rápida y precisa, brindando una ventaja competitiva.

1.3 Innovación en Grupo: De la Idea a la Realidad

La innovación en grupo es uno de los aspectos más poderosos de los equipos de alto rendimiento. Cuando un equipo trabaja en conjunto, su capacidad para generar ideas y resolver problemas se multiplica. La colaboración no solo permite la creación de ideas más complejas, sino que también facilita la implementación de soluciones efectivas y viables.

1. Fomento de la Creatividad Colectiva: La creatividad colectiva es la capacidad del equipo para desarrollar ideas nuevas e innovadoras. Para fomentar esta creatividad, es importante proporcionar un ambiente en el que las ideas puedan fluir libremente sin ser juzgadas de inmediato. Un ejercicio de "lluvia de ideas" bien estructurado puede ser útil, y la teoría de grupos nos indica que incluir personas de diferentes antecedentes y conocimientos

estimula la innovación. Además, el uso de herramientas de IA para la generación de ideas puede ayudar a expandir el horizonte creativo del equipo.

2. Implementación y Seguimiento de Proyectos de Innovación: No basta con generar ideas; es esencial llevarlas a la práctica. La implementación requiere planificación, asignación de recursos y una evaluación constante de los avances. Las técnicas de gestión de proyectos ágiles, como Scrum y Kanban, son particularmente efectivas en entornos de innovación, ya que permiten una implementación rápida y una adaptación constante. La IA, por otro lado, puede facilitar el seguimiento de los proyectos al analizar los datos en tiempo real y anticiparse a posibles problemas antes de que ocurran.

3. Iteración y Mejora Basada en Datos: La innovación efectiva es un proceso iterativo. Al evaluar continuamente los resultados y aprender de los errores, el equipo puede mejorar sus soluciones y adaptar sus estrategias. La teoría de juegos nos ofrece el concepto de "equilibrio de Nash", que nos enseña a encontrar soluciones estables y mutuamente beneficiosas en situaciones de decisión compleja. La IA puede ser instrumental en esta fase, ya que puede analizar patrones de éxito y fracaso, sugiriendo ajustes en tiempo real para maximizar los resultados.

4. Aprendizaje Colectivo y Documentación del Conocimiento: La innovación no solo debe resultar en productos o servicios, sino también en aprendizaje. El conocimiento adquirido durante el proceso de innovación es un activo valioso que puede ser aprovechado en futuros proyectos. La documentación y el almacenamiento de este conocimiento permiten que el equipo y la organización aprendan de sus experiencias, evitando cometer los mismos errores y aprovechando las mejores prácticas.

5. Celebración de Logros y Refuerzo Positivo: Finalmente, es fundamental celebrar los logros del equipo. Reconocer los éxitos, tanto grandes como pequeños, refuerza la cohesión y la moral del equipo. Cuando los miembros sienten que sus esfuerzos son valorados, están más dispuestos a contribuir y a comprometerse con el éxito a largo plazo. Además, la teoría de juegos nos sugiere que el reconocimiento y las recompensas son poderosos incentivos para mantener la motivación y la productividad en niveles altos.

La combinación de habilidades individuales, objetivos compartidos y dinámicas de equipo bien estructuradas es la fórmula para lograr equipos de alto rendimiento. Cuando se aprovechan correctamente las herramientas de la teoría de grupos y juegos, junto con la inteligencia artificial, los equipos pueden no solo alcanzar metas ambiciosas, sino también innovar y adaptarse en entornos empresariales sin fronteras. Un equipo efectivo no es el resultado de la casualidad; es el producto de una planificación intencional, una gestión cuidadosa y una constante dedicación al aprendizaje y mejora continua. A medida que las organizaciones adoptan estos principios, descubren que el verdadero poder de la innovación radica en la colaboración y en el esfuerzo conjunto hacia objetivos que ningún individuo podría lograr por sí solo.

En un mundo en el que la tecnología y los mercados cambian a una velocidad sin precedentes, las empresas necesitan mantenerse en la vanguardia para seguir siendo competitivas. La creatividad colaborativa y una cultura de innovación son esenciales para responder a estos desafíos, fomentando el desarrollo de ideas y soluciones disruptivas que impulsen el crecimiento. Sin embargo, cultivar un ambiente de creatividad e innovación no ocurre de forma automática; requiere de estrategias específicas, políticas intencionadas y, sobre todo, un cambio de mentalidad organizacional.

Exploremos ahora, cómo las empresas pueden diseñar e implementar estrategias que promuevan la creatividad colaborativa y establezcan una cultura de innovación continua. También se incluyen ejemplos de empresas que han tenido éxito en este ámbito y algunas cifras que ilustran la importancia y los beneficios de crear un entorno que inspire a los equipos a innovar juntos. El verdadero potencial de una organización innovadora radica en su capacidad para inspirar la creatividad en equipo, donde las ideas fluyen libremente y los miembros se sienten empoderados para contribuir.

Estrategias para Fomentar la Creatividad en Equipo

La creatividad colaborativa es la capacidad de un equipo para generar ideas innovadoras a través de un esfuerzo conjunto. Esto requiere un entorno en el que los miembros del equipo se sientan seguros para expresar sus ideas, asumir riesgos y colaborar de manera constructiva. Las siguientes estrategias han demostrado ser efectivas para fomentar la creatividad en equipo:

1. Creación de Espacios de Trabajo Flexibles y Colaborativos: Un espacio de trabajo diseñado para la colaboración puede influir significativamente en la creatividad de un equipo. Según un estudio de Gensler, una firma de diseño global, las empresas que invierten en espacios colaborativos bien diseñados pueden ver un aumento en la creatividad del 15% al 20% en sus empleados. Ejemplos como Google y Pixar han liderado el camino al diseñar oficinas abiertas y zonas de descanso donde los empleados pueden interactuar en un ambiente relajado, permitiendo el flujo de ideas sin barreras.

2. Sesiones de Lluvia de Ideas Estructuradas: Las lluvias de ideas, cuando se estructuran correctamente, pueden ser herramientas efectivas para la generación de ideas creativas. Estudios han demostrado que la lluvia de ideas estructurada —con reglas específicas, tiempos asignados y un facilitador que guíe el proceso— puede aumentar la productividad hasta en un 40% en comparación con una sesión de ideas sin estructura. Una técnica efectiva es el "Brainwriting", donde los miembros escriben sus ideas en silencio antes de compartirlas en grupo, eliminando la presión de pensar en voz alta y permitiendo una mayor diversidad de ideas.

3. Promoción de la Diversidad Cognitiva: La diversidad no solo se refiere a género o etnicidad, sino también a diferentes formas de pensar y resolver problemas. Equipos que

combinan habilidades, antecedentes y experiencias variadas tienden a producir ideas más innovadoras. Un estudio realizado por McKinsey & Company encontró que las empresas con una alta diversidad cognitiva tienen un 35% más de probabilidades de generar mayores retornos de inversión en innovación en comparación con sus pares. Empresas como IBM, que promueve una cultura inclusiva y diversa, atribuyen gran parte de su éxito a la variedad de perspectivas que aportan sus equipos.

4. Desafíos de Innovación y Competiciones Internas: Algunas empresas utilizan competencias internas como herramientas para fomentar la creatividad. Por ejemplo, Adobe creó el programa "Kickbox", una plataforma en la que cada empleado recibe una "caja roja" con un presupuesto inicial, recursos y una guía paso a paso para desarrollar una idea desde su concepción hasta su validación. Según cifras de Adobe, este programa ha generado más de 1,000 ideas innovadoras y ha logrado que el 15% de estas se conviertan en proyectos rentables. Este tipo de programas motivan a los empleados a pensar fuera de la caja y les da el poder de convertir sus ideas en realidad.

5. Políticas de Experimentación y Tolerancia al Error: Crear una cultura de innovación requiere eliminar el miedo al fracaso. Empresas como 3M, que es conocida por su política del "15% de tiempo libre", permiten que los empleados dediquen parte de su jornada a proyectos personales y experimentales. Este enfoque ha dado lugar a la creación de productos innovadores, como las notas adhesivas Post-it. Cuando las empresas permiten que sus empleados prueben nuevas ideas sin temor a las repercusiones por posibles fallos, fomentan una cultura de experimentación que impulsa la creatividad.

Generar una Cultura de Innovación Continua en la Organización

Una cultura de innovación no se trata solo de tener ideas ocasionales o un equipo de I+D que trabaje en nuevos productos. Se trata de establecer un sistema en el que cada miembro de la organización esté motivado y capacitado para pensar de forma innovadora, cuestionar el statu quo y buscar soluciones mejoradas en su día a día. A continuación, se presentan algunas estrategias para cultivar una cultura de innovación continua:

1. Fomentar el Pensamiento Crítico y el Aprendizaje Permanente: Una cultura de innovación comienza con la disposición de los empleados para aprender y cuestionar continuamente. Empresas como Amazon, famosa por su mantra de "obsesión por el cliente", han incorporado la innovación en su ADN organizacional, alentando a sus empleados a explorar constantemente nuevas formas de mejorar la experiencia del cliente. Invertir en programas de formación y desarrollo puede mejorar significativamente la capacidad de innovación. Según Deloitte, las empresas que invierten en capacitación de sus empleados ven un aumento del 37% en su capacidad para innovar.

2. Liderazgo que Inspira y Facilita: Los líderes juegan un papel crucial en la promoción de una cultura de innovación. Un estudio de Harvard Business Review descubrió que el 84%

de los empleados cree que su capacidad para innovar está directamente influenciada por su jefe inmediato. Los líderes deben modelar comportamientos de innovación, alentar la toma de riesgos y estar dispuestos a escuchar las ideas de sus equipos. Un ejemplo destacado es el de Satya Nadella en Microsoft, quien transformó la cultura de la empresa de una postura competitiva a una de colaboración, promoviendo un entorno en el que la innovación florece.

3. Establecimiento de Objetivos de Innovación y Medición de Resultados: Para promover la innovación, las empresas deben establecer metas claras y medir los resultados de sus esfuerzos. Google, por ejemplo, utiliza un sistema de "Objetivos y Resultados Clave" (OKR) que permite a los equipos establecer metas ambiciosas y luego evaluar su progreso de manera transparente. Este enfoque crea una cultura en la que la innovación es parte de los objetivos organizacionales, asegurando que cada equipo esté alineado con la visión de crecimiento a largo plazo. Las cifras de Google muestran que, gracias a este sistema, la compañía ha mantenido una tasa de innovación de productos del 70% anual.

4. Creación de Redes Internas para la Innovación: Una red interna de innovación conecta a empleados de diferentes departamentos y fomenta el intercambio de ideas. Empresas como General Electric utilizan plataformas de comunicación interna que facilitan el diálogo entre empleados de distintas áreas, lo que permite la rápida detección de oportunidades de innovación. Al conectar a empleados que normalmente no colaborarían juntos, se pueden descubrir sinergias inesperadas que generen productos o servicios innovadores.

5. Incorporación de Inteligencia Artificial y Herramientas Digitales: La tecnología, en particular la inteligencia artificial, puede facilitar la innovación continua en una organización. La IA permite analizar grandes volúmenes de datos, predecir tendencias del mercado y obtener insights de clientes en tiempo real. Empresas como Spotify utilizan algoritmos de IA para personalizar recomendaciones, lo que les ha permitido mejorar la retención de usuarios en un 10% anual. Las herramientas digitales ayudan a las empresas a innovar de manera más rápida y precisa, brindando a los equipos una ventaja competitiva en la identificación de oportunidades de mejora.

Casos prácticos:

1. Apple y la Innovación Centrada en el Cliente: Apple ha construido una cultura de innovación enfocada en el cliente, donde la calidad y la experiencia son primordiales. La compañía alienta a sus equipos a cuestionar cada detalle en el desarrollo de sus productos y a pensar en formas de mejorar la experiencia del usuario. Este enfoque ha dado lugar a innovaciones emblemáticas, como el iPhone y el Apple Watch, que han revolucionado sus respectivos mercados. Según un informe de Statista, Apple ha logrado mantener un crecimiento anual de ingresos del 11% en promedio gracias a su constante innovación.

2. Toyota y el Kaizen: Innovación Continua en Procesos: Toyota aplica el concepto japonés de "Kaizen" o mejora continua, en el cual los empleados de todos los niveles tienen la responsabilidad de identificar áreas de mejora en los procesos de producción. Este enfoque ha permitido a Toyota reducir costos y mejorar la calidad de sus productos, ayudándola a posicionarse como líder en la industria automotriz. Según cifras de la empresa, el Kaizen ha permitido una reducción del 25% en el tiempo de producción y una mejora del 20% en la eficiencia en los últimos cinco años.

3. Netflix y la Adaptación a los Cambios del Mercado: Netflix es otro ejemplo de una empresa que ha cultivado una cultura de innovación. La compañía pasó de ser un servicio de alquiler de DVDs a una de las plataformas de streaming más grandes del mundo. Netflix ha demostrado una capacidad extraordinaria para adaptarse a los cambios del mercado y satisfacer las demandas de sus usuarios. Según datos internos, la innovación continua en su modelo de negocio y sus algoritmos de recomendación han permitido a Netflix atraer más de 15 millones de nuevos suscriptores en un solo trimestre.

Algunos consejos adicionales:

Fomentar la creatividad colaborativa y una cultura de innovación en una organización ofrece una serie de beneficios medibles, tanto en términos financieros como de desarrollo humano:

1. Aumento de la Productividad: Empresas que adoptan una cultura de innovación reportan un incremento en la productividad de sus empleados. Según un estudio de PwC, las empresas innovadoras ven un aumento del 30% en la productividad de sus equipos, debido a que los empleados se sienten motivados y capacitados para contribuir a la mejora continua.

2. Mejora de la Retención de Talento: La innovación y el aprendizaje constante son grandes motivadores para el talento actual. De hecho, LinkedIn informó que las empresas que priorizan la innovación tienen un 41% menos de rotación de empleados, ya que estos sienten que están creciendo y trabajando en un entorno desafiante y estimulante.

3. Incremento en la Rentabilidad y Participación de Mercado: Un estudio de Boston Consulting Group reveló que las empresas con una fuerte cultura de innovación tienen un 50% más de probabilidades de estar entre las más rentables de su industria. Innovar no solo mejora los productos y servicios, sino que también permite a las empresas diferenciarse y captar una mayor cuota de mercado.

La creatividad colaborativa y una cultura de innovación continua no solo fortalecen a la empresa, sino que también empoderan a sus empleados para explorar y mejorar continuamente. Las organizaciones que adoptan estos principios no solo sobreviven; prosperan en un mundo que exige agilidad y visión de futuro. En última instancia, aquellas empresas que entiendan el valor de una cultura de innovación estarán mejor posicionadas para liderar sus industrias y marcar el rumbo hacia el futuro.

CAPÍTULO 2: IA APLICADA A LA ESTRATEGIA EMPRESARIAL Y TOMA DE DECISIONES PREDICTIVAS

Fundamentos de la Inteligencia Artificial en Negocios

La Inteligencia Artificial (IA) ha dejado de ser una simple tendencia para convertirse en un pilar fundamental de la estrategia empresarial moderna. A medida que el volumen y la complejidad de los datos empresariales aumentan, las organizaciones enfrentan el reto de extraer información significativa de esta vasta cantidad de información en tiempo real. Aquí es donde la IA emerge como una herramienta poderosa, que no solo mejora la eficiencia operativa, sino que transforma la capacidad de las empresas para resolver problemas complejos y tomar decisiones informadas de manera ágil y precisa.

¿Por Qué Utilizar IA en Estrategia Empresarial?

La IA permite a las empresas automatizar procesos y optimizar sus operaciones, haciéndolas más eficientes y precisas. En sectores como el comercio electrónico, la logística y el marketing, el uso de la IA se traduce en decisiones de negocio más rápidas y basadas en datos sólidos. En el ámbito de la manufactura, la IA puede ayudar a predecir fallas en la maquinaria, optimizar el uso de materiales y reducir desperdicios. En la banca y las finanzas, la IA mejora la detección de fraudes y evalúa riesgos crediticios con una precisión que antes era impensable.

Más allá de estas aplicaciones operativas, la IA abre nuevas puertas a la personalización masiva, facilitando que las empresas puedan adaptar sus productos y servicios a las necesidades individuales de sus clientes, lo que aumenta la satisfacción y lealtad del cliente. La capacidad de anticiparse a las necesidades del consumidor y adaptar las estrategias de negocio en función de esta inteligencia es, en sí misma, una ventaja competitiva decisiva en el mercado actual.

Componentes Esenciales de la IA en Negocios

Para implementar IA de manera efectiva, es fundamental comprender los componentes clave que conforman un sistema de inteligencia artificial aplicado a negocios. Estos incluyen:

1. Algoritmos de Aprendizaje Automático (Machine Learning): Son algoritmos que permiten que las máquinas aprendan de datos previos y mejoren su rendimiento sin una programación explícita para cada tarea. A través del aprendizaje automático, las empresas pueden desarrollar modelos que identifican patrones, generan predicciones y toman decisiones autónomas basadas en datos históricos.

2. Procesamiento de Lenguaje Natural (NLP): Esta tecnología permite que las máquinas comprendan, interpreten y generen lenguaje humano. Desde chatbots hasta análisis de sentimientos, el NLP ha revolucionado el servicio al cliente y el análisis de datos textuales en redes sociales, reseñas de productos y encuestas.

3. Visión Artificial: Esta tecnología permite a las máquinas analizar y comprender imágenes y videos, útil en sectores como la seguridad, la manufactura y el comercio minorista. Las aplicaciones de visión artificial pueden detectar defectos en productos, monitorear el tráfico en tiendas o incluso realizar inspecciones de calidad en tiempo real.

4. Redes Neuronales y Deep Learning: Utilizadas en situaciones de alta complejidad, estas arquitecturas de IA están diseñadas para imitar el cerebro humano y procesar grandes cantidades de datos para reconocer patrones en voz, texto, imágenes y otros datos no estructurados.

5. Optimización de Decisiones: Al combinar IA con técnicas de optimización matemática, las empresas pueden automatizar decisiones en función de objetivos específicos, como maximizar la rentabilidad, minimizar el costo o mejorar el tiempo de entrega.

El uso combinado de estos componentes permite a las empresas no solo automatizar tareas repetitivas, sino también resolver problemas complejos y tomar decisiones en tiempo real, adaptándose a los cambios y a las fluctuaciones del mercado con velocidad y precisión.

IA en la Resolución de Problemas Complejos

Las empresas enfrentan desafíos que no pueden ser resueltos únicamente con la experiencia o la intuición humana. Por ejemplo, predecir las demandas de productos, optimizar rutas logísticas, detectar fraudes o ajustar los precios en tiempo real requieren más datos y procesamiento del que un humano puede manejar. Aquí es donde la IA proporciona una solución tangible y efectiva.

Los algoritmos de IA son especialmente efectivos en la resolución de problemas complejos mediante el análisis de grandes cantidades de datos y la identificación de patrones ocultos que pueden indicar problemas u oportunidades. La capacidad de la IA para procesar grandes volúmenes de datos en tiempo real permite que las empresas detecten rápidamente anomalías y actúen de manera preventiva en lugar de reactiva. Además, los modelos de IA aprenden continuamente a partir de los datos nuevos, lo que significa que las soluciones se vuelven más precisas y efectivas con el tiempo.

Modelos Predictivos y Automatización para Ventaja Competitiva

La IA se ha convertido en una herramienta esencial para la toma de decisiones estratégicas, gracias a su capacidad de crear modelos predictivos que permiten anticiparse a las tendencias y actuar con rapidez. Los modelos predictivos, basados en algoritmos de aprendizaje automático, están diseñados para identificar patrones en datos históricos y proyectar posibles resultados futuros. Esta capacidad de prever tendencias y comportamientos es una ventaja competitiva decisiva, ya que permite a las empresas tomar decisiones informadas y basadas en evidencia.

¿Qué son los Modelos Predictivos?

Los modelos predictivos utilizan datos históricos para identificar patrones y correlaciones. A través del aprendizaje automático, estos modelos pueden proyectar con alta precisión el comportamiento futuro de variables específicas, tales como la demanda de un producto, la probabilidad de que un cliente abandone un servicio, o el riesgo de crédito de un solicitante. Estos modelos son aplicables en una amplia gama de sectores, desde el retail hasta las finanzas, y ayudan a las empresas a anticiparse y responder proactivamente a eventos futuros.

En el sector de la venta minorista, por ejemplo, los modelos predictivos pueden analizar datos de compras pasadas, datos demográficos y tendencias del mercado para proyectar cuáles serán los productos más demandados en las próximas temporadas. En el sector financiero, los modelos predictivos permiten anticipar fluctuaciones de mercado, evaluar riesgos y ajustar estrategias de inversión con base en patrones históricos.

Cómo Utilizar Modelos Predictivos para la Automatización

La automatización de decisiones estratégicas es posible gracias a la IA y los modelos predictivos. Al automatizar ciertos procesos, las empresas pueden reducir costos, mejorar la eficiencia y, lo más importante, responder más rápidamente a los cambios en el mercado. La IA permite que estas decisiones automáticas no solo se basen en datos históricos, sino también en datos en tiempo real, como el comportamiento del cliente en línea o las condiciones cambiantes del mercado.

Los modelos predictivos se integran cada vez más en sistemas de gestión de relaciones con el cliente (CRM) y sistemas de planificación de recursos empresariales (ERP), permitiendo que las decisiones se tomen de manera automática y en función de datos confiables. Esto optimiza la cadena de suministro, ajusta el inventario y personaliza las estrategias de marketing sin necesidad de intervención manual.

Por ejemplo, una empresa que utiliza IA para automatizar la gestión de inventario puede analizar en tiempo real las ventas y ajustar automáticamente el stock, evitando tanto el exceso de inventario como la falta de productos en épocas de alta demanda. Este nivel de automatización reduce costos y mejora la eficiencia operativa.

Aplicación de Modelos Predictivos en el Análisis de Datos

La implementación de modelos predictivos en el análisis de datos ayuda a transformar grandes volúmenes de datos en insights prácticos. Uno de los métodos más comunes es la segmentación de clientes, que permite a las empresas agrupar a sus clientes en categorías significativas basadas en comportamiento, preferencias y otros datos demográficos. Estos modelos ayudan a identificar patrones de compra, hábitos de consumo y momentos clave en el ciclo de vida del cliente.

Otra aplicación clave es el análisis de la competencia. Al analizar los datos históricos y en tiempo real sobre los movimientos de los competidores, las empresas pueden prever sus próximas acciones y ajustar sus estrategias en consecuencia. Por ejemplo, si un modelo predictivo detecta una tendencia de baja en la demanda de un producto específico de un competidor, la empresa puede anticiparse y ajustar sus campañas de marketing, precios o promociones para captar a esos clientes.

IA y Aprendizaje Automático para Prever Tendencias de Mercado

La IA y el aprendizaje automático permiten a las empresas prever tendencias de mercado y responder a ellas de manera proactiva. Esto va más allá de simplemente observar los datos históricos; se trata de analizar datos en tiempo real y ajustar las decisiones en función de las variaciones del mercado. Los modelos predictivos aplicados al análisis de mercado permiten a las empresas identificar señales tempranas de cambios en el comportamiento del consumidor, la aparición de nuevos competidores o incluso cambios en la regulación que puedan afectar el mercado.

El aprendizaje automático también se utiliza para analizar datos de redes sociales y otros medios digitales, donde se pueden captar señales del comportamiento del consumidor. La IA puede detectar patrones y tendencias antes de que sean evidentes en los datos de ventas tradicionales. Con esta información, las empresas pueden ajustar su estrategia de marketing y adaptarse rápidamente a los cambios en el mercado.

Beneficios y Desafíos de la IA Predictiva en la Estrategia Empresarial

La implementación de IA predictiva en la estrategia empresarial ofrece múltiples beneficios, pero también presenta desafíos que las empresas deben considerar. Entre los principales beneficios se incluyen:

1. Mejora de la Precisión en la Toma de Decisiones: La IA predictiva reduce la subjetividad en la toma de decisiones al basarse en datos cuantitativos y análisis precisos, lo cual mejora la precisión y la efectividad de las decisiones.

2. Agilidad en la Respuesta al Mercado: Las empresas que utilizan IA pueden responder con rapidez a los cambios en el mercado, lo que les permite adaptarse a las condiciones del entorno y aprovechar oportunidades en tiempo real.

3. Reducción de Costos Operativos: Al automatizar la toma de decisiones y optimizar procesos como la gestión de inventario o la planificación de recursos, las empresas pueden reducir costos y mejorar la eficiencia operativa.

4. Mejora en la Satisfacción del Cliente: La IA permite a las empresas personalizar sus productos y servicios, lo que mejora la experiencia del cliente y aumenta su lealtad.

Sin embargo, implementar IA predictiva también conlleva desafíos. Entre los principales obstáculos se encuentran el costo inicial de la implementación, la necesidad de contar con personal calificado para gestionar y mantener los sistemas de IA, y la complejidad de integrar estos sistemas con la infraestructura tecnológica existente. También es fundamental abordar las cuestiones éticas y de privacidad que surgen con el uso de datos personales en modelos predictivos.

La IA está transformando radicalmente la forma en que las empresas diseñan sus estrategias y toman decisiones. La capacidad de la IA para procesar grandes cantidades de datos en tiempo real, identificar patrones y predecir tendencias ofrece una ventaja competitiva sin precedentes. Sin embargo, para aprovechar al máximo el potencial de la IA, las empresas deben adoptar un enfoque estratégico que considere tanto los beneficios como los desafíos.

En este contexto, la clave para una implementación exitosa radica en una planificación adecuada, un compromiso con la formación y capacitación del personal, y una gestión ética y responsable de los datos. Las empresas que logren incorporar IA predictiva de manera efectiva en sus estrategias estarán mejor posicionadas para liderar en un entorno de negocios cada vez más complejo y competitivo.

Casos Concretos de IA Aplicada en la Estrategia Empresarial: Ejemplos y Cifras

Para entender plenamente el impacto de la IA en la estrategia empresarial y la toma de decisiones predictivas, es fundamental analizar cómo diversas empresas han implementado esta tecnología para lograr resultados tangibles. A continuación, exploraremos varios ejemplos que ilustran cómo la IA y los modelos predictivos han transformado distintos sectores, generando ahorros significativos, mejorando la satisfacción del cliente y aumentando la competitividad.

1. Amazon: Optimización de Inventario y Logística Predictiva

Amazon es un pionero en la utilización de IA para la gestión de inventario y logística. Con miles de millones de productos y clientes en todo el mundo, la capacidad de Amazon para anticipar la demanda y optimizar el inventario es esencial para su éxito. La compañía utiliza modelos predictivos avanzados para analizar patrones de compra, preferencias de los consumidores y tendencias estacionales. Esta información le permite prever la demanda de productos específicos en diferentes regiones y ajustar su inventario en consecuencia.

Resultados y Cifras

Gracias a su sistema de IA predictiva, Amazon logró reducir sus costos de almacenamiento en un 15% anual, lo que representa un ahorro de varios miles de millones de dólares dada la magnitud de sus operaciones. Además, su precisión en la predicción de la demanda permite disminuir los costos asociados al exceso o la falta de inventario y acelerar los tiempos de entrega, un aspecto crítico en la satisfacción del cliente. Según informes internos, la tecnología de IA aplicada a la logística ha mejorado el cumplimiento de pedidos en un 20%, lo que representa una ventaja competitiva en el mercado del comercio electrónico global.

Estrategias Clave de IA

Amazon ha implementado un sistema conocido como "Anticipatory Shipping" o envío anticipado. Este sistema analiza millones de datos en tiempo real y permite a Amazon predecir qué productos necesitarán los clientes antes de que los soliciten. En lugar de esperar a que el cliente realice el pedido, el sistema mueve productos a los centros de distribución más cercanos a la ubicación del cliente potencial, lo que reduce drásticamente los tiempos de entrega. Esta estrategia es posible gracias a los algoritmos de IA que analizan el historial de compras, los artículos agregados a las listas de deseos y otras señales de comportamiento del cliente.

2. Netflix: Recomendaciones Personalizadas para la Retención de Clientes

Netflix utiliza IA para analizar el comportamiento de sus usuarios y recomendar contenido personalizado que mantiene a los suscriptores comprometidos. Con aproximadamente 241 millones de suscriptores globales en 2024, Netflix utiliza algoritmos de IA avanzados que analizan el historial de visualización, las preferencias de género, los datos demográficos y los patrones de visualización para ofrecer recomendaciones precisas.

Resultados y Cifras

La estrategia de recomendación personalizada de Netflix ha sido clave en la retención de sus usuarios. Según datos de la empresa, aproximadamente el 80% del contenido que consumen los usuarios es recomendado por el sistema de IA. Esta personalización ha permitido a Netflix reducir la tasa de cancelación (churn rate) en un 5% anual, lo que representa un ahorro de más de $1,000 millones en ingresos, considerando el impacto que tiene en el largo plazo retener suscriptores en lugar de adquirir nuevos.

Estrategias Clave de IA

Netflix no solo se basa en IA para recomendar contenido, sino también para optimizar la producción de nuevas series y películas. Mediante el análisis de datos de audiencia, la compañía identifica tendencias emergentes y patrones de comportamiento que le permiten prever qué tipo de contenido tendrá éxito en el mercado. Este enfoque predictivo ha sido fundamental en el desarrollo de producciones originales como "Stranger Things" y "The Witcher", que resultaron en éxitos globales con una alta retención de suscriptores.

3. General Electric (GE): Mantenimiento Predictivo en la Industria Manufacturera

General Electric es una empresa líder en la implementación de IA para el mantenimiento predictivo de sus equipos industriales, como turbinas de avión y generadores eléctricos. A través de sensores IoT y algoritmos de aprendizaje automático, GE monitoriza el estado de sus equipos en tiempo real y puede predecir cuándo es probable que ocurran fallos. Esta estrategia permite a GE programar el mantenimiento de manera proactiva, evitando costosas interrupciones no planificadas.

Resultados y Cifras

El mantenimiento predictivo de GE ha permitido reducir los costos de mantenimiento en un 20%, lo que representa ahorros de miles de millones de dólares anuales en sectores como la aviación y la generación de energía. Además, esta estrategia ha aumentado la disponibilidad de sus equipos en un 15%, mejorando la productividad y reduciendo las pérdidas causadas por el tiempo de inactividad.

Estrategias Clave de IA

La plataforma de IoT de GE, conocida como Predix, es el corazón de su estrategia de mantenimiento predictivo. Predix recopila datos en tiempo real de sensores instalados en los equipos y los procesa mediante algoritmos de aprendizaje automático que predicen cuándo es probable que ocurran fallas. GE utiliza estos datos para programar el mantenimiento en los momentos más convenientes, optimizando así la disponibilidad y prolongando la vida útil de sus equipos.

4. Sephora: Personalización de la Experiencia del Cliente en el Retail

La cadena de cosméticos Sephora ha implementado IA para personalizar la experiencia de sus clientes tanto en línea como en tiendas físicas. La compañía utiliza algoritmos de IA para analizar el comportamiento de compra de los usuarios y ofrecer recomendaciones personalizadas de productos. Sephora también utiliza herramientas de reconocimiento facial en sus tiendas para analizar las características faciales de los clientes y sugerir productos que mejor se adapten a su tipo de piel y preferencias.

Resultados y Cifras

La implementación de IA en Sephora ha aumentado las tasas de conversión de clientes en un 11% en sus canales digitales y en un 7% en tiendas físicas, lo que ha generado un aumento significativo en los ingresos. Además, su estrategia de personalización ha permitido incrementar la lealtad del cliente, resultando en un crecimiento del 20% en la retención de clientes que utilizan la aplicación móvil de Sephora para personalizar su experiencia.

Estrategias Clave de IA

La estrategia de IA de Sephora incluye una herramienta de realidad aumentada llamada Virtual Artist, que permite a los clientes probar diferentes productos virtualmente mediante el uso de reconocimiento facial. Este enfoque mejora la experiencia del cliente y reduce las devoluciones, ya que los clientes pueden visualizar cómo se verán los productos antes de comprarlos. La herramienta Virtual Artist genera millones de datos que Sephora utiliza para mejorar sus recomendaciones de productos y afinar su estrategia de marketing.

5. American Express: Análisis Predictivo para la Detección de Fraude en Tiempo Real

La IA es una herramienta esencial en la industria financiera, y American Express ha utilizado modelos predictivos para mejorar la detección de fraudes. La empresa emplea algoritmos de aprendizaje automático para analizar patrones en transacciones de tarjetas de crédito y detectar comportamientos sospechosos en tiempo real. Esto permite a American Express reducir los costos de fraude y proteger la seguridad de sus clientes.

Resultados y Cifras

La implementación de IA para la detección de fraudes ha permitido a American Express reducir sus pérdidas anuales por fraude en aproximadamente $300 millones. Además, la compañía ha logrado reducir el número de falsos positivos en un 60%, lo que mejora la experiencia del cliente al reducir las interrupciones en transacciones legítimas.

Estrategias Clave de IA

American Express utiliza una combinación de redes neuronales y modelos de aprendizaje profundo que analizan millones de transacciones en tiempo real, detectando patrones irregulares que pueden indicar actividades fraudulentas. Estos modelos se actualizan constantemente, permitiendo que American Express mejore su precisión a medida que el comportamiento de los usuarios y los métodos de fraude evolucionan.

6. Walmart: Gestión de la Cadena de Suministro con IA

Walmart, uno de los minoristas más grandes del mundo, utiliza IA para optimizar su cadena de suministro y la gestión de inventarios. La empresa aplica modelos predictivos para prever la demanda de productos en función de variables como las condiciones meteorológicas, eventos locales y cambios estacionales, lo que le permite ajustar su inventario en tiempo real.

Resultados y Cifras

Walmart ha logrado reducir sus costos de inventario en un 25%, gracias a su capacidad de anticipar la demanda de productos y optimizar los procesos de reabastecimiento. Esto representa un ahorro de varios miles de millones de dólares. Además, el uso de IA para gestionar la cadena de suministro ha permitido reducir el desperdicio de productos perecederos en un 20%, mejorando tanto la rentabilidad como su compromiso con la sostenibilidad.

Estrategias Clave de IA

La IA de Walmart analiza millones de datos sobre patrones de compra, estacionalidad y comportamiento del consumidor para ajustar los niveles de inventario en cada tienda. Además, Walmart emplea sistemas de visión artificial en sus centros de distribución para detectar posibles errores en la carga y descarga de mercancías, lo que reduce las ineficiencias en la cadena de suministro.

Los ejemplos anteriores muestran cómo la IA está transformando los negocios a nivel mundial, brindando a las empresas la capacidad de anticiparse a los cambios y de operar con mayor eficiencia y precisión. La IA ha demostrado ser una herramienta esencial en la toma de decisiones estratégicas y en la optimización de procesos críticos. Las empresas que han integrado IA en sus operaciones han visto mejoras significativas en sus resultados financieros, en la satisfacción del cliente y en la retención de clientes.

A medida que la tecnología de IA continúa evolucionando, es probable que veamos una expansión de estas aplicaciones y un incremento en su sofisticación. Para las empresas, adoptar IA no es solo una cuestión de mantenerse a la vanguardia, sino una necesidad para competir en un mercado cada vez más dinámico y globalizado. La clave para el éxito en el futuro será la capacidad de utilizar la IA no solo para mejorar la eficiencia operativa, sino para crear nuevas oportunidades de crecimiento e innovación.

CAPÍTULO 3: TEORÍA DE JUEGOS Y ANTICIPACIÓN COMPETITIVA

Estrategias de Competencia y Cooperación en Mercados Globales

En el vertiginoso mundo de los negocios globales, cada decisión es una jugada en un tablero vasto y complejo. Aquí, la teoría de juegos, un campo matemático que explora la toma de decisiones estratégicas en entornos competitivos, se convierte en una herramienta poderosa para anticipar los movimientos de los competidores y colaborar con ellos cuando sea necesario. Las empresas que comprenden las reglas de este juego y dominan sus dinámicas adquieren una ventaja estratégica en mercados interconectados, donde las fronteras ya no delimitan el alcance de la competencia.

La teoría de juegos permite a las empresas analizar cómo sus acciones afectan y son afectadas por los movimientos de otros actores. Desde prever una guerra de precios hasta diseñar alianzas estratégicas, esta teoría ofrece un marco para evaluar y desarrollar estrategias óptimas en cualquier mercado. En este capítulo, exploraremos cómo aplicar la teoría de juegos para idear estrategias de competencia y cooperación que respondan a los desafíos del comercio global.

1. El Juego de la Competencia: Entendiendo los Principales Conceptos de Teoría de Juegos

En la teoría de juegos, una "estrategia" es el plan que un jugador elige, consciente de las posibles acciones de sus competidores. En los negocios, cada empresa es un jugador que busca maximizar sus ganancias en un entorno donde las decisiones de otros jugadores pueden impactar significativamente sus resultados. Los conceptos de "juego de suma cero", "equilibrio de Nash" y "dilema del prisionero" no son solo ideas matemáticas abstractas; son fundamentos que reflejan la realidad de la competencia en mercados globales.

Juego de Suma Cero vs. Suma No Cero

Un "juego de suma cero" es aquel en el que las ganancias de un jugador implican necesariamente las pérdidas de otro. En un mercado tradicional altamente competitivo, este tipo de juegos representa escenarios como guerras de precios o batallas de cuota de mercado. Sin embargo, en un "juego de suma no cero", la cooperación puede llevar a resultados en los que todos los jugadores ganan, o al menos minimizan sus pérdidas. Así, en un mercado global, la teoría de juegos nos ayuda a identificar oportunidades donde, en lugar de competir ferozmente, las empresas pueden colaborar para obtener resultados mutuamente beneficiosos.

Equilibrio de Nash: Un Punto de Estabilidad

El equilibrio de Nash, que recibe su nombre del matemático John Nash, ocurre cuando los jugadores alcanzan un punto en el que ninguno se beneficiaría cambiando su estrategia, siempre que los demás también mantengan la suya. Este concepto es crucial en la estrategia empresarial, pues ofrece un punto de referencia para la toma de decisiones. Las empresas que buscan este equilibrio pueden evitar guerras de precios, desarrollar alianzas y coexistir pacíficamente en mercados donde competir podría llevar a una destrucción de valor para ambas partes.

2. Aplicando la Teoría de Juegos en Estrategias Competitivas

En los negocios, anticipar los movimientos de los competidores y responder eficazmente es fundamental para asegurar una ventaja competitiva. La teoría de juegos proporciona una perspectiva estratégica para analizar las tácticas que los competidores podrían adoptar y cómo responder ante ellas.

Dilema del Prisionero: Cooperación vs. Traición en Negocios

El dilema del prisionero es un famoso problema de teoría de juegos que ilustra cómo dos jugadores pueden beneficiarse mutuamente si cooperan, aunque la tentación de traicionar al otro exista. Imaginemos que dos empresas están considerando una colaboración en un proyecto de investigación y desarrollo. Si ambas cooperan, compartirán los costos y riesgos, aumentando las probabilidades de éxito. Sin embargo, si una empresa decide aprovecharse y traicionar a la otra, podría obtener beneficios a corto plazo a expensas de la otra, lo que destruiría cualquier posibilidad de colaboración futura.

Este dilema muestra la importancia de construir relaciones de confianza y de reconocer que, en un contexto global, la cooperación puede ser una estrategia superior a la competencia desmedida. Empresas que comprenden este concepto buscan acuerdos donde el beneficio mutuo se convierte en una regla fundamental, especialmente en industrias de alta innovación o mercados emergentes.

Guerra de Precios y Juegos de Amenaza Creíble

Uno de los escenarios más comunes en los mercados globales es la guerra de precios. Aquí, la teoría de juegos puede ayudar a entender los riesgos y beneficios de tal estrategia. Imaginemos que dos empresas compiten por el liderazgo en el mercado de productos electrónicos. Si ambas reducen sus precios para atraer más clientes, las ganancias de ambas caerán. Sin embargo, si una de las empresas adopta una estrategia de precios agresiva, la otra debe decidir si responde de la misma manera o si busca diferenciarse en calidad o servicio para evitar una erosión de márgenes.

La amenaza creíble es un concepto clave aquí. Supongamos que una empresa amenaza con reducir sus precios si su competidor hace lo mismo. Si esta amenaza es creíble y es percibida como viable por el competidor, puede disuadir a este último de iniciar una guerra de precios. La teoría de juegos enseña a los líderes empresariales a estructurar sus amenazas y compromisos de tal manera que sean lo suficientemente convincentes para influir en la estrategia de sus competidores.

3. Estrategias de Cooperación en Mercados Globales

Mientras que la competencia define gran parte de la teoría de juegos en los negocios, la cooperación también juega un rol clave en mercados interconectados. Las alianzas estratégicas, los joint ventures y las asociaciones de investigación y desarrollo son ejemplos de cómo las empresas pueden trabajar juntas para enfrentar desafíos globales y obtener una ventaja competitiva.

Teoría de Juegos y Cooperación Estratégica

En mercados globales, la cooperación estratégica permite que empresas con objetivos comunes trabajen juntas para optimizar sus resultados. Por ejemplo, en la industria automotriz, compañías rivales pueden unirse en la investigación y desarrollo de tecnologías de energía sostenible, ya que los costos y los riesgos de innovación son altos. En este tipo de alianzas, la teoría de juegos permite establecer las reglas de cooperación que maximizan los beneficios conjuntos, asegurando que todos los jugadores respeten los términos de la colaboración.

Además, el concepto de juegos repetidos en teoría de juegos nos enseña que cuando la relación entre dos actores se prolonga en el tiempo, los incentivos para mantener la cooperación aumentan. En lugar de buscar una ganancia a corto plazo, las empresas pueden beneficiarse más de una asociación duradera en la que el objetivo sea compartir conocimientos y abrir nuevos mercados juntos.

La Paradoja de la Colaboración Competitiva

La colaboración competitiva (o "coopetición") es una estrategia en la que las empresas compiten en algunos frentes mientras colaboran en otros. Un ejemplo de esto lo encontramos en el sector de tecnología, donde competidores como Apple y Samsung colaboran en la cadena de suministro, a pesar de competir directamente en el mercado de smartphones. La teoría de juegos muestra cómo estas dinámicas pueden ser ventajosas: al colaborar en áreas donde ambas empresas obtienen beneficios, se permite una competencia saludable en otros aspectos, creando una relación equilibrada en el mercado.

La clave para una cooperación competitiva exitosa es la transparencia y el establecimiento de límites claros. Cuando ambas partes entienden los beneficios de esta colaboración y pueden confiar en que el otro no aprovechará su posición en detrimento del otro, es posible construir relaciones estratégicas que no solo aumentan la rentabilidad, sino que crean barreras para nuevos competidores.

4. Ejemplos Prácticos: Cómo Empresas Globales Utilizan la Teoría de Juegos

Para ver la teoría de juegos en acción, observemos cómo gigantes globales aplican estos conceptos en sus estrategias diarias:

Amazon y Walmart: Competencia y Diferenciación

Amazon y Walmart representan un caso clásico de juego de suma no cero. En lugar de reducir sus precios continuamente en una guerra de precios que destruiría sus márgenes, ambas empresas han optado por diferenciarse. Amazon invierte en la mejora de la experiencia del cliente a través de su plataforma y servicios digitales, mientras que Walmart capitaliza su red de tiendas físicas y su dominio en el mercado de bienes de consumo. La teoría de juegos muestra cómo ambas empresas encontraron un "equilibrio" en el que cada una se especializa en un área diferente, evitando una competencia directa en ciertos frentes y maximizando sus beneficios.

Intel y AMD: Estrategias de Competencia Intensa

Intel y AMD compiten intensamente en el mercado de procesadores, donde las guerras de precios y las innovaciones tecnológicas rápidas son la norma. Sin embargo, en lugar de buscar una competencia destructiva, estas empresas aplican estrategias de "amenaza creíble". Cada vez que una lanza un producto innovador, la otra responde con una estrategia que no busca la confrontación directa, sino la diferenciación de características. Esto asegura una competencia sana que mantiene a ambos jugadores en el mercado sin una erosión masiva de valor para ambas empresas.

La teoría de juegos, aplicada a los negocios, permite a las empresas entender que, a veces, la mejor estrategia no es la competencia directa, sino la cooperación o la diferenciación. En un mercado global, donde la competencia es feroz y los recursos son finitos, adoptar una estrategia basada en la teoría de juegos puede ser la diferencia entre el éxito sostenible y el fracaso a largo plazo.

Empresas que dominan estos conceptos no solo sobreviven; prosperan. Comprenden que la anticipación competitiva y las alianzas estratégicas no son simplemente opciones, sino requisitos para competir en un escenario sin fronteras. La teoría de juegos ofrece a los líderes empresariales la capacidad de ver más allá de los movimientos inmediatos, permitiéndoles planificar para el futuro y crear ventajas competitivas que no solo aumentan sus ganancias, sino que fortalecen su posición en el mercado global. En este tablero complejo, cada movimiento cuenta, y entender cómo y cuándo jugar la carta de la competencia o la cooperación es la clave para ganar el juego de los negocios globales.

Modelos de Decisión bajo Incertidumbre

Tomando Decisiones Estratégicas en un Mundo Incierto

En un entorno de negocios donde el cambio es la única constante, la incertidumbre se convierte en un factor crítico que debe gestionarse con habilidad y precisión. Los líderes empresariales enfrentan desafíos cada vez mayores, ya que deben tomar decisiones estratégicas en un contexto global con variables incontrolables: fluctuaciones económicas, cambios regulatorios, avances tecnológicos y competidores que buscan constantemente nuevas formas de competir. Para enfrentar estas realidades, los modelos de decisión bajo incertidumbre ofrecen un marco que permite anticipar posibles movimientos de los competidores y seleccionar decisiones óptimas que reduzcan riesgos y maximicen oportunidades.

Los modelos de decisión bajo incertidumbre emplean herramientas y técnicas que permiten evaluar los posibles escenarios futuros y calcular los riesgos asociados a cada alternativa. En este capítulo, exploraremos cómo las empresas pueden utilizar estos modelos para formular estrategias robustas que respondan a la volatilidad del mercado y cómo aplicar estas metodologías para prever movimientos de competidores, ajustar tácticas en tiempo real y aprovechar las oportunidades emergentes.

1. Teoría de Decisión: Enfrentando la Incertidumbre Estratégica

La teoría de decisión ofrece herramientas para evaluar opciones y elegir la mejor estrategia posible, incluso cuando no tenemos toda la información. En contextos globales, los líderes deben considerar varios factores: las posibles reacciones de los competidores, el comportamiento del mercado y las influencias macroeconómicas que podrían afectar su industria.

Decisiones bajo Incertidumbre vs. Decisiones bajo Riesgo

Es crucial entender la diferencia entre "incertidumbre" y "riesgo" en este contexto. En un entorno de riesgo, conocemos las probabilidades de cada resultado. Por ejemplo, si una empresa lanza un nuevo producto, puede estimar la probabilidad de éxito basándose en estudios de mercado. Sin embargo, en un entorno de incertidumbre, estas probabilidades no son claras o pueden no existir, como cuando una nueva tecnología disruptiva entra en el mercado o se produce un cambio regulatorio inesperado.

Modelos como el "criterio de maximin" o "criterio de maximax" son útiles para tomar decisiones bajo incertidumbre. Estos criterios ayudan a seleccionar estrategias que minimicen la pérdida en el peor de los casos (maximin) o que maximicen las ganancias en el mejor de los casos (maximax). Estas herramientas son particularmente útiles en sectores altamente competitivos como la tecnología, donde los cambios son rápidos y la competencia, intensa.

2. Herramientas y Modelos de Decisión bajo Incertidumbre

Las empresas que dominan el arte de la anticipación competitiva suelen emplear modelos cuantitativos y cualitativos para prever los posibles movimientos de sus competidores y ajustar sus decisiones en consecuencia. Aquí se presentan algunas de las herramientas más útiles.

Árboles de Decisión: Visualizando Escenarios Futuros

El árbol de decisión es una herramienta que permite visualizar los diferentes escenarios posibles, asignando probabilidades y valores a cada resultado. Cada rama representa una decisión y sus posibles consecuencias, proporcionando un mapa visual que facilita la elección de la opción más ventajosa.

Por ejemplo, supongamos que una empresa de productos electrónicos considera lanzar una nueva línea de productos en un mercado extranjero, donde no tiene experiencia previa. A través de un árbol de decisión, la empresa podría analizar las probabilidades de éxito y fracaso, estimar los costos de entrada y evaluar los posibles ingresos. Si el mercado tiene una probabilidad del 60% de éxito, pero requiere una inversión inicial de 10 millones de dólares, el árbol de decisión permitiría calcular el rendimiento esperado y decidir si la inversión es adecuada.

Análisis de Sensibilidad: Probando la Robustez de una Decisión

El análisis de sensibilidad permite evaluar cómo los cambios en las variables clave afectan el resultado final. Esto es particularmente útil en entornos inciertos, donde los factores externos pueden cambiar rápidamente. Por ejemplo, una empresa de energía podría utilizar análisis de sensibilidad para estudiar cómo los cambios en los precios del petróleo afectan sus proyectos de inversión en energías renovables.

Supongamos que una compañía petrolera analiza un proyecto de inversión en un nuevo yacimiento. Realiza un análisis de sensibilidad para prever cómo los cambios en el precio del crudo (por ejemplo, $70, $80 o $90 por barril) afectan el retorno del proyecto. Si descubre que una caída a $70 por barril haría que el proyecto sea inviable, la empresa puede decidir invertir en tecnologías alternativas o buscar estrategias de mitigación, como coberturas de precios.

3. Anticipación de Movimientos Competitivos: El Enfoque de la Teoría de Juegos

En mercados globales, la anticipación de los movimientos de los competidores es fundamental para tomar decisiones estratégicas en situaciones de incertidumbre. Los modelos de teoría de juegos se combinan con herramientas de decisión para prever cómo los rivales pueden responder ante diferentes tácticas.

El Modelo de Juego de Entrada y Salida en Mercados Competitivos

Este modelo evalúa la probabilidad de que un competidor entre o salga de un mercado en función de los beneficios y costos involucrados. Por ejemplo, en la industria de alimentos orgánicos, donde la demanda es creciente pero las barreras de entrada son altas, una empresa puede usar este modelo para prever si nuevos competidores están dispuestos a asumir los costos de establecerse en el sector. Si la probabilidad de entrada es alta, la empresa podría aumentar sus barreras mediante una campaña de fidelización o una estrategia de diferenciación.

Ejemplo: Apple y Samsung en el Mercado de Smartphones

Apple y Samsung han utilizado tácticas complejas de teoría de juegos para gestionar su competencia. Apple, por ejemplo, ha adoptado una estrategia de diferenciación de productos y precios, posicionando sus iPhones como un artículo de lujo. Por otro lado, Samsung ha desarrollado una línea de productos más diversa para capturar un mercado más amplio. Ambos competidores usan modelos de teoría de juegos para analizar cómo sus estrategias afectan la percepción y lealtad del cliente, maximizando sus márgenes de ganancia al evitar una guerra de precios.

4. Casos de Estudio: Empresas que Usan Modelos de Decisión bajo Incertidumbre

Los modelos de decisión bajo incertidumbre son fundamentales para muchas empresas multinacionales que operan en entornos volátiles. Analicemos algunos casos de compañías que utilizan estas herramientas para enfrentar la incertidumbre y crear una ventaja competitiva.

Caso 1: Tesla y la Incertidumbre del Mercado de Vehículos Eléctricos

Tesla es un ejemplo paradigmático de cómo gestionar la incertidumbre en un mercado emergente. A finales de los años 2000, cuando Tesla empezó a desarrollar vehículos eléctricos, el mercado era pequeño, las regulaciones inciertas y la competencia baja. Sin embargo, Tesla apostó por modelos de decisión de alto riesgo (maximax), invirtiendo agresivamente en innovación y fabricación en lugar de depender de socios externos.

Hoy, Tesla se encuentra en una posición dominante en el mercado de vehículos eléctricos, con una capitalización de mercado que superó el billón de dólares en 2021. La empresa usó modelos de decisión para prever que, si lograba establecer una ventaja tecnológica y de marca antes que sus competidores, podría convertirse en líder de un sector en crecimiento. La apuesta valió la pena, y ahora los competidores enfrentan altos costos de entrada y adopción tecnológica para ponerse al nivel de Tesla.

Caso 2: Amazon y el Análisis de Sensibilidad en el Sector Logístico

Amazon ha revolucionado la logística y el comercio electrónico a nivel global, empleando modelos de análisis de sensibilidad para ajustar sus decisiones en tiempo real. Por ejemplo, en sus decisiones de inversión en infraestructura logística, Amazon evalúa cómo factores como el precio de la gasolina, los costos de almacenamiento y la velocidad de entrega afectan su rentabilidad.

Al prever los cambios en la demanda estacional y los costes de transporte, Amazon ajusta dinámicamente sus centros de distribución y rutas de entrega. Esto le permite minimizar los costos y maximizar la eficiencia, lo que se traduce en una ventaja competitiva significativa en el mercado de e-commerce.

Caso 3: Johnson & Johnson y la Diversificación de Riesgos en Salud

Johnson & Johnson, líder en el sector de salud, ha utilizado modelos de diversificación de riesgos para gestionar la incertidumbre en sus diversas líneas de negocio: medicamentos, dispositivos médicos y productos de consumo. Cuando la pandemia de COVID-19 comenzó, Johnson & Johnson tenía un portafolio diversificado que le permitió minimizar el impacto en algunas áreas mientras aumentaba su inversión en el desarrollo de la vacuna.

La diversificación le permitió compensar la caída en sus ventas de productos de consumo y dispositivos médicos con el éxito de su vacuna contra el COVID-19. Este enfoque de diversificación en la toma de decisiones bajo incertidumbre es una estrategia crucial para empresas en sectores con alto nivel de riesgo regulatorio y de demanda, como la salud.

En un mercado global donde la incertidumbre es la norma, las empresas que dominan los modelos de decisión bajo incertidumbre logran una ventaja competitiva significativa. Los modelos de teoría de juegos, árboles de decisión, análisis de sensibilidad y diversificación de riesgos permiten a los líderes empresariales tomar decisiones estratégicas informadas, anticipar movimientos de competidores y ajustar sus tácticas en tiempo real.

Adoptar estas herramientas no solo ayuda a gestionar riesgos, sino que también permite aprovechar oportunidades emergentes en el mercado global. Como hemos visto en los casos de Tesla, Amazon y Johnson & Johnson, las empresas que aplican modelos de decisión bajo incertidumbre pueden adaptarse a cambios inesperados, minimizar pérdidas y maximizar sus resultados.

La incertidumbre deja de ser un obstáculo cuando se convierte en un elemento estratégico, y en este sentido, los modelos de decisión bajo incertidumbre son la clave para jugar el juego global de los negocios con inteligencia y anticipación.

Modelo de Decisión	Descripción	Ejemplo Práctico	Cifras Estadísticas	Fórmulas Principales
Árbol de Decisión	Diagrama que descompone decisiones en ramas para analizar opciones y consecuencias.	Tesla en el mercado de vehículos eléctricos para proyectar inversión y expansión.	Tesla: $1.06 billones de USD en capitalización en 2021.	Probabilidad de éxito = Σ (Probabilidad Ganancia esperada)
Análisis de Sensibilidad	Estudia cómo el cambio en variables impacta el resultado final de una decisión.	Amazon ajusta centros logísticos con base en costos de gasolina y demanda estacional.	Costos logísticos globales estimados de Amazon: $152 mil millones en 2021.	Elasticidad (E) = % Cambio en resultado / % Cambio en variable
Diversificación de Riesgos	Estrategia para reducir impacto negativo de eventos inesperados en diferentes áreas de negocio.	Johnson & Johnson y su portafolio en dispositivos médicos, medicamentos, y consumo.	J&J: 56% ingresos en medicamentos, 28% dispositivos, 16% consumo (2021).	Ingreso Diversificado (ID) = Σ (Ingresos de línea / Total de ingresos)²
Criterio de Maximin y Maximax	En Maximin se elige la opción que minimiza la pérdida máxima; en Maximax, maximiza la	Samsung y Apple en sus estrategias de diferenciación y competencia de producto.	Apple: 2% pérdida en cuota de mercado si lanza un producto similar a	Maximin = min {Mínima ganancia de cada opción}; Maximax = max {Máxima ganancia de

			Samsung.	cada opción}
	ganancia potencial.			
Teoría de Juegos (Entrada y Salida)	Modela las reacciones de competidores ante la entrada o salida en un mercado.	Análisis de competencia en alimentos orgánicos, con barreras altas de entrada.	Mercado global de alimentos orgánicos: $160 mil millones en 2022; crecimiento proyectado 11%.	Payoff de Competidor = Probabilidad de entrada · Beneficio - Costo de entrada
Juego de la Guerra de Precios	Modela efectos de reducción de precios entre competidores en el mercado.	Estrategias de Amazon y Walmart evitando guerra de precios, usando diferenciación.	Walmart redujo precios 10% en 2019, impacto directo en márgenes de Amazon.	Ganancia (G) = Precio reducido · Cantidad vendida - Margen perdido en competidor

CAPÍTULO 4: GESTIÓN GLOBAL Y ADAPTACIÓN INTERCULTURAL

Liderazgo y Gestión de Equipos Multiculturales: Claves para el Éxito

La expansión global en los negocios del siglo XXI no solo presenta nuevas oportunidades sino también desafíos únicos, especialmente en la gestión de equipos multiculturales. Al liderar equipos distribuidos por varios países y culturas, los líderes enfrentan la tarea de equilibrar distintas expectativas culturales, estilos de comunicación y normas organizacionales. Dominar esta habilidad no solo contribuye a mejorar el rendimiento del equipo, sino que también fomenta una cultura de inclusión, creatividad y cohesión, fundamentales en un entorno globalizado y competitivo.

1. La Realidad de los Equipos Multiculturales en la Era Digital

Los avances tecnológicos han facilitado la colaboración sin importar las distancias, y las empresas globales buscan talento más allá de las fronteras geográficas. Sin embargo, este fenómeno trae consigo retos específicos, como la necesidad de alineación de objetivos, comunicación efectiva y adaptabilidad cultural. Los líderes deben ser conscientes de que gestionar un equipo multicultural implica más que tener conocimientos técnicos; requiere inteligencia cultural, sensibilidad y flexibilidad para comprender y adaptarse a las dinámicas culturales de cada miembro.

2. Inteligencia Cultural: El Nuevo Pilar del Liderazgo Global

Para liderar con éxito un equipo global, es esencial que el líder desarrolle inteligencia cultural (IC). Esta habilidad va más allá de la empatía cultural; se trata de una competencia que permite al líder entender y trabajar eficazmente con personas de diversas culturas. La IC se compone de tres dimensiones principales:

   - Conocimiento cultural: Conocer las costumbres, normas y expectativas comunes de las culturas presentes en el equipo.

   - Conciencia intercultural: Reconocer los propios sesgos culturales y saber cómo pueden influir en la interacción.

- Adaptación: Ser capaz de ajustar el estilo de comunicación y de liderazgo de acuerdo con el contexto cultural de cada miembro.

La IC es un diferenciador importante en los líderes efectivos de equipos globales. Por ejemplo, mientras que en culturas como la estadounidense se valora la comunicación directa, en otras, como la japonesa, se prefiere una comunicación más indirecta y respetuosa. Reconocer estas diferencias y actuar en consecuencia fomenta la confianza y minimiza los malentendidos.

3. Adaptación de Estilos de Liderazgo para Equipos Globales

Existen varios estilos de liderazgo que pueden adaptarse al contexto de un equipo multicultural:

- Liderazgo Transformacional: Ideal en equipos multiculturales, ya que se centra en inspirar a los miembros, en lugar de enfocarse solo en el cumplimiento de tareas. Un líder transformacional comunica una visión clara, motivando al equipo a trascender las diferencias culturales.

- Liderazgo Participativo: En equipos donde la diversidad de opiniones y enfoques es amplia, un estilo participativo puede ser muy efectivo. Este estilo permite que cada miembro tenga voz en el proceso de toma de decisiones, generando un ambiente inclusivo y colaborativo.

- Liderazgo Situacional: Este enfoque permite que el líder ajuste su estilo según las circunstancias y la madurez cultural del equipo. Un líder situacional sabe cuándo ser más directivo o más flexible, adaptándose a las particularidades de cada cultura.

La clave está en ser versátil, adaptando el enfoque de liderazgo a los desafíos y necesidades culturales que surgen dentro del equipo. Un error común entre líderes globales es aplicar un único estilo de liderazgo en todas las situaciones, sin considerar el contexto cultural específico.

4. Comunicación Efectiva y Sensibilidad Cultural

La comunicación es la herramienta más crítica para cualquier equipo, pero en un entorno multicultural, las diferencias en estilo comunicativo pueden dar lugar a malentendidos y conflictos. Para optimizar la comunicación en equipos diversos, los líderes deben tener en cuenta varios factores:

- Lenguaje: Aunque el inglés es el idioma de los negocios globales, no todos los miembros del equipo tendrán el mismo dominio. Ser claro, evitar jergas, y optar por una comunicación sencilla y directa puede ayudar a minimizar barreras lingüísticas.

- Estilos de Comunicación: Las culturas varían en su preferencia entre comunicación directa e indirecta. Mientras que en culturas occidentales la comunicación tiende a ser explícita y al grano, en otras culturas, especialmente en Asia, la comunicación indirecta y la lectura del contexto son claves.

- Uso de la Tecnología: En equipos remotos, el uso de videollamadas, chats y herramientas de colaboración en línea como Slack o Microsoft Teams facilita la comunicación. No obstante, el líder debe asegurarse de que todos los miembros del equipo se sientan cómodos con estas herramientas y de que se respete el horario de cada zona geográfica.

5. Gestionar las Diferencias Culturales: Un Activo y no un Obstáculo

Un equipo multicultural puede parecer un desafío, pero es también una fuente de innovación y creatividad. Aprovechar las diferencias culturales como un recurso estratégico permite a los equipos:

- Innovar desde múltiples perspectivas: Los miembros de distintos contextos traen soluciones creativas a problemas, ya que abordan los desafíos con mentalidades diversas.

- Aprender continuamente: Cada miembro tiene la oportunidad de aprender sobre distintas culturas, generando un ambiente de aprendizaje que refuerza la cohesión y el respeto mutuo.

- Adaptarse a mercados globales: Un equipo diverso entiende mejor las demandas de distintos mercados, lo cual es una ventaja competitiva en la expansión internacional.

Para facilitar este proceso, es recomendable realizar actividades de integración intercultural. Estas pueden incluir talleres de sensibilización cultural, reuniones periódicas para discutir temas culturales y celebraciones de festividades internacionales.

6. Superar los Desafíos: Estrategias para Resolver Conflictos Interculturales

Los conflictos en equipos multiculturales pueden surgir debido a diferencias en valores, expectativas y estilos de comunicación. Sin embargo, estos conflictos no necesariamente son negativos; cuando se manejan correctamente, pueden fortalecer el equipo. Algunas estrategias para manejar los conflictos incluyen:

- Crear un espacio seguro para el diálogo: Fomentar la apertura y la transparencia, donde cada miembro pueda expresar sus preocupaciones sin temor a represalias.

- Mediación Cultural: Nombrar un mediador o facilitador que pueda ayudar a resolver disputas interculturales, idealmente alguien que comprenda las culturas en conflicto y pueda actuar con imparcialidad.

- Fomentar la empatía y el respeto: Animar a los miembros del equipo a ponerse en el lugar del otro y a reconocer que no existe un enfoque "correcto" o "incorrecto", sino diferentes maneras de ver y hacer las cosas.

En algunos casos, la IA puede apoyar la gestión de conflictos en equipos globales. Por ejemplo, con la ayuda de algoritmos de procesamiento del lenguaje natural, es posible analizar el tono de los mensajes y detectar tensiones antes de que se conviertan en conflictos mayores.

7. Tecnología y Adaptación en la Era de la IA

La IA está revolucionando la gestión de equipos multiculturales, proporcionando herramientas avanzadas para mejorar la comunicación, gestionar el tiempo y automatizar tareas administrativas. Algunos ejemplos incluyen:

- Traductores automáticos en tiempo real: Plataformas como Google Translate y otras más avanzadas permiten la traducción en reuniones en vivo, reduciendo barreras lingüísticas.

- Análisis de emociones en correos electrónicos y mensajes: Mediante algoritmos de procesamiento de lenguaje natural, se puede analizar el tono emocional y detectar posibles tensiones o malentendidos.

- Gestión de la carga de trabajo y horarios: Herramientas de IA pueden ayudar a organizar las reuniones en horarios adecuados para todas las zonas horarias, optimizando la productividad y evitando el agotamiento.

Es importante recordar que la tecnología es solo una herramienta y no reemplaza la sensibilidad humana. La IA puede facilitar el proceso de gestión, pero el liderazgo y la empatía del líder son insustituibles.

8. La Adaptabilidad como Competencia Clave en la Gestión Global

El mundo de los negocios es dinámico y está en constante cambio. En este contexto, la capacidad de adaptación es una competencia fundamental. Los líderes de equipos multiculturales deben ser flexibles y abiertos al cambio, ya que el contexto global puede cambiar rápidamente debido a factores como la evolución de las regulaciones internacionales, los avances tecnológicos y los cambios en las expectativas de los consumidores.

Para desarrollar esta adaptabilidad, los líderes pueden:

- Fomentar el aprendizaje continuo: Participar en formaciones y cursos sobre temas como gestión intercultural, liderazgo adaptativo y nuevas tecnologías de comunicación.

- Aprender de los errores y ajustar el rumbo: No todos los enfoques serán exitosos en todos los contextos culturales. Reconocer los errores y aprender de ellos fortalece al líder y al equipo.

- Promover una cultura de cambio: Crear un entorno donde el cambio es bienvenido, y donde los miembros del equipo se sientan cómodos para expresar ideas innovadoras y adaptarse a nuevas formas de trabajar.

Liderar equipos multiculturales en el ámbito global es un desafío, pero también una oportunidad sin precedentes para los líderes que buscan destacarse en un mundo empresarial sin fronteras. La clave del éxito está en desarrollar inteligencia cultural, adaptar el estilo de liderazgo, comunicar con sensibilidad y aprovechar las herramientas tecnológicas. Con estos pilares, los líderes no solo crearán equipos globales exitosos, sino que también construirán una cultura de respeto, creatividad y cohesión que trascenderá fronteras.

Estrategias para la Expansión Internacional: Guía para Adaptarse a Regulaciones Locales y Aprovechar Oportunidades en Mercados Emergentes

La Expansión Internacional como Catalizador del Crecimiento

Expandirse a nuevos mercados no solo permite a las empresas diversificar sus ingresos, sino que también les ofrece acceso a una base de clientes más amplia y a recursos innovadores. Sin embargo, la internacionalización también trae consigo desafíos significativos, como adaptarse a diferentes regulaciones, comprender las particularidades culturales y superar las barreras de entrada en mercados emergentes.

El mercado global actual está lleno de potencial, especialmente en economías emergentes de rápido crecimiento en Asia, África y América Latina. Estas regiones ofrecen oportunidades incomparables, pero requieren una estrategia sólida para navegar sus complejas regulaciones y aprovechar sus ventajas competitivas. A continuación, exploraremos los pasos clave para ejecutar una expansión internacional exitosa.

2. Estudio de Mercado y Análisis de Viabilidad: La Base de una Estrategia de Expansión Internacional Efectiva

El primer paso en cualquier expansión internacional es realizar un análisis exhaustivo del mercado objetivo. Para ello, es fundamental responder a algunas preguntas clave:

- ¿Qué tan grande es el mercado y cuál es la demanda potencial para nuestros productos o servicios?

- ¿Cuáles son las barreras de entrada, y cómo podemos superarlas?

- ¿Qué competidores existen en este mercado y qué estrategias han implementado?

- ¿Cómo afectan las regulaciones locales y los requisitos legales a nuestro negocio?

Este estudio de mercado también debería evaluar factores culturales, económicos y políticos que podrían influir en el negocio. Al analizar estos elementos, las empresas pueden determinar si el mercado objetivo es viable y rentable para la expansión. Una vez que se ha determinado la viabilidad, se puede diseñar una estrategia de entrada adaptada a las particularidades del mercado.

3. Estrategias de Entrada al Mercado: Seleccionar el Enfoque Correcto

Existen múltiples formas de ingresar a un mercado internacional, y la elección del método depende de factores como el presupuesto, el nivel de riesgo y el control deseado sobre las operaciones. Algunas de las estrategias más comunes incluyen:

- Exportación directa o indirecta: La exportación directa implica vender productos en un nuevo país desde las instalaciones en el país de origen. Este método minimiza el riesgo, pero también limita el control y la capacidad de respuesta a las condiciones locales. La exportación indirecta, por otro lado, implica trabajar con intermediarios o distribuidores locales que se encargan de la venta y distribución en el país de destino.

- Asociaciones y alianzas estratégicas: Colaborar con empresas locales puede ser una excelente manera de ganar acceso y conocimiento sobre el mercado. Las alianzas estratégicas ayudan a reducir los riesgos y a superar barreras culturales y regulatorias, ya que los socios locales tienen experiencia en el contexto del mercado.

- Franquicias y licencias: Permitir que una empresa local opere bajo la marca de la empresa matriz a cambio de regalías es una forma efectiva de ingresar a mercados con un enfoque de bajo riesgo. Las franquicias también ayudan a establecer rápidamente la presencia de marca en mercados donde el reconocimiento de marca es clave.

- Inversión directa extranjera (IDE): Establecer una filial o subsidiaria en el país objetivo es la estrategia más intensiva, en términos de inversión, pero también permite un control total sobre las operaciones. Las empresas que buscan una expansión a largo plazo y desean establecer una infraestructura sólida en el mercado pueden beneficiarse de esta estrategia.

4. Adaptarse a las Regulaciones Locales: Un Desafío Clave para la Expansión Internacional

Las regulaciones locales pueden variar significativamente de un país a otro y abarcan aspectos como aranceles, impuestos, estándares de calidad y restricciones de importación y exportación. Para tener éxito en la expansión internacional, es crucial comprender estas normas y ajustar el negocio en consecuencia. Algunos de los aspectos clave de las regulaciones incluyen:

- Cumplimiento normativo y regulaciones comerciales: Esto implica asegurar que el producto cumpla con las normativas de etiquetado, seguridad y calidad en el mercado objetivo. También es fundamental comprender los requisitos de importación y exportación, así como los permisos necesarios para operar en el país.

- Normas de contratación y derechos laborales: Cada país tiene sus propias leyes laborales que regulan el salario mínimo, el número de horas de trabajo y las condiciones de empleo. Las empresas deben asegurarse de cumplir con estas normativas para evitar problemas legales y construir una buena reputación en el mercado.

- Políticas fiscales y de inversión extranjera: Las políticas fiscales también varían considerablemente entre países. Es importante trabajar con asesores locales para desarrollar estrategias fiscales que maximicen los beneficios de la empresa y minimicen los riesgos de incumplimiento.

- Protección de datos y privacidad: En la era digital, el cumplimiento de leyes de privacidad y protección de datos, como el GDPR en Europa, es esencial. Las empresas deben ser conscientes de las leyes locales de privacidad y asegurarse de que sus prácticas cumplan con estas regulaciones para proteger los datos de los consumidores.

5. Aprovechar las Oportunidades en Mercados Emergentes

Los mercados emergentes ofrecen oportunidades sin precedentes debido a su rápido crecimiento económico y a su demanda creciente de productos y servicios. A continuación, se presentan algunas estrategias clave para aprovechar estas oportunidades:

- Identificar y satisfacer necesidades insatisfechas: Muchos mercados emergentes tienen brechas significativas en cuanto a productos y servicios. Las empresas pueden aprovechar estas brechas mediante la oferta de productos innovadores que respondan a las necesidades locales.

- Implementar modelos de precios accesibles: Los consumidores en mercados emergentes pueden tener menos poder adquisitivo que en los mercados desarrollados. Ajustar el modelo de precios para hacerlo más asequible puede marcar la diferencia entre el éxito y el fracaso. Algunos modelos exitosos incluyen la venta de productos en pequeñas cantidades o la oferta de financiamiento accesible.

- Adaptación del producto al contexto local: La personalización de productos y servicios es esencial. Esto puede incluir cambios en el empaque, el sabor (en caso de productos alimenticios) o la funcionalidad. Adaptar el producto a las preferencias locales genera una conexión más profunda con el mercado y promueve la lealtad de los consumidores.

La cultura desempeña un papel fundamental en el éxito de una expansión internacional. Cada mercado tiene sus propios valores y normas culturales, y una empresa que no se ajuste a ellos puede enfrentar resistencia por parte de los consumidores. Algunas estrategias para superar barreras culturales incluyen:

- Investigación cultural previa: Comprender las expectativas culturales del mercado objetivo permite adaptar las prácticas de marketing, ventas y servicio al cliente.

- Contratación de talento local: Incorporar talento local no solo ayuda a comprender mejor el mercado, sino que también genera confianza en la marca. Los empleados locales pueden actuar como embajadores de la empresa y facilitar la adaptación cultural.

- Establecimiento de relaciones de confianza: En muchos mercados emergentes, la confianza y las relaciones personales son esenciales. Las empresas deben dedicar tiempo y esfuerzo a construir relaciones sólidas con socios locales, proveedores y clientes para establecer una reputación positiva.

La tecnología desempeña un papel crucial en la expansión internacional, facilitando la comunicación, la gestión de operaciones y la recopilación de datos en tiempo real. Algunas de las herramientas y tecnologías clave incluyen:

- Análisis de big data para la toma de decisiones: La recopilación y análisis de datos pueden proporcionar una comprensión detallada del comportamiento del consumidor en el mercado objetivo, ayudando a ajustar la oferta de productos y servicios.

- Inteligencia artificial para la personalización del marketing: La IA permite a las empresas personalizar la experiencia del cliente en función de sus preferencias y comportamientos específicos, lo que resulta en una mayor satisfacción y lealtad.

- Plataformas de comercio electrónico y logística: La expansión a través de plataformas de comercio electrónico reduce las barreras físicas y permite que las empresas lleguen a consumidores en mercados emergentes con una inversión reducida en infraestructura.

La expansión en mercados emergentes no está exenta de riesgos. A continuación, se presentan algunos de los desafíos que pueden surgir:

- Inestabilidad económica y política: Los mercados emergentes a menudo experimentan fluctuaciones económicas y políticas que pueden afectar las operaciones comerciales. Es fundamental estar preparado para ajustar las estrategias en caso de crisis.

- Corrupción y prácticas comerciales poco transparentes: En algunos países, la corrupción sigue siendo un problema que afecta el entorno empresarial. Las empresas deben adherirse a sus valores y a las mejores prácticas, incluso si esto implica enfrentar desafíos adicionales.

- Competencia local: En muchos mercados emergentes, las empresas locales tienen una ventaja competitiva debido a su conocimiento del mercado y su red de contactos. Las empresas que ingresan al mercado deben estar preparadas para competir contra actores locales bien establecidos.

Expandirse a mercados internacionales, y especialmente a economías emergentes, es un paso emocionante que puede transformar el crecimiento de una empresa. Para lograr el éxito en estos mercados, las empresas deben realizar un análisis exhaustivo, adaptarse a las regulaciones locales y ser sensibles a las particularidades culturales.

A medida que las empresas se embarcan en el viaje de la expansión global, deben recordar que el éxito no se mide únicamente en términos de ventas o beneficios. En última instancia, construir relaciones de confianza, respetar las regulaciones locales y aportar valor a las comunidades es lo que realmente marcará la diferencia. La expansión internacional es una oportunidad para aprender, crecer y establecer una marca que trascienda fronteras, ofreciendo beneficios tanto para la empresa como para las economías y las comunidades en las que opera.

Estrategia / Aspecto	Estadísticas y Datos Relevantes	Ejemplos
Estudio de Mercado y Análisis de Viabilidad	- Se estima que los mercados emergentes contribuirán con el **60% del PIB mundial** en 2030 (Banco Mundial).	- **Unilever** adapta su oferta de productos según el estudio de viabilidad local, como con su línea de productos de bajo costo en India.
	- Las ventas en mercados emergentes crecieron un **25%** más rápido que en mercados desarrollados en la última década (McKinsey).	- **Starbucks** realizó un análisis exhaustivo de cultura y preferencia de sabores para ingresar con éxito en el mercado chino.
Métodos de Entrada al Mercado	- **Exportación directa**: menos costosa, representa el **15% de las empresas** que inician en mercados emergentes (PwC).	- **Tesla** empezó en India con exportación directa antes de abrir operaciones locales debido a los altos costos iniciales.
	- **Asociaciones locales**: el **35% de las empresas** exitosas en mercados emergentes establecen alianzas (Harvard Business Review).	- **Walmart** adquirió una participación mayoritaria en Flipkart para competir en el mercado indio de comercio electrónico.
	- **Inversión extranjera directa**: representa un compromiso a largo plazo; países como China reciben el **20% del IDE global**.	- **IKEA** abrió fábricas en Polonia y China para optimizar costos y personalizar productos para esos mercados.

Cumplimiento de Regulaciones Locales	- En el área de **normas laborales**, el **65%** de las empresas enfrentan desafíos de cumplimiento al ingresar a un nuevo mercado.	- **Apple** tuvo que ajustar sus estándares de fabricación para cumplir con las regulaciones ambientales en la UE y en la India.
	- La **adaptación fiscal** puede reducir en un **30%** la carga tributaria cuando se conocen los incentivos locales (Deloitte).	- **Microsoft** optimizó su estructura fiscal al establecer operaciones en Irlanda, aprovechando incentivos fiscales para tecnología.
	- Leyes de **protección de datos** afectan directamente a empresas; GDPR reduce en **8%** la rentabilidad para algunas compañías.	- **Facebook** debió modificar sus políticas de datos para cumplir con GDPR en Europa.
Aprovechar Oportunidades en Mercados Emergentes	- Se espera que el **PIB en África** crezca en promedio un **3.9% anual** hasta 2030 (FMI).	- **Nestlé** aumentó sus ventas en África en un **20%** al adaptar productos básicos como leche en polvo y alimentos nutritivos asequibles.
	- En Asia, el poder adquisitivo de la clase media se triplicará para 2030, alcanzando **3.5 mil millones de personas** (McKinsey).	- **PepsiCo** desarrolló productos de bajo costo y alta demanda en India y China, liderando las ventas en estos mercados emergentes.
Adaptación Cultural y Confianza Local	- Empresas que incorporan talento local tienen un **30%** más de probabilidades de éxito (Deloitte).	- **Coca-Cola** contrata gerentes locales en sus operaciones en México para manejar mejor las relaciones

		culturales y comerciales.
	- El **85% de las empresas** en mercados emergentes reportan que el networking es esencial para construir confianza (BCG).	- **Huawei** estableció relaciones con proveedores y líderes locales en Brasil antes de su expansión en América Latina.
Uso de Tecnología para la Expansión	- **E-commerce** ha crecido un **33% en mercados emergentes**, abriendo nuevas vías de expansión (Statista).	- **Alibaba** en África utiliza plataformas de comercio electrónico para llegar a millones de consumidores en lugares de difícil acceso.
	- El uso de **big data** para analizar mercados emergentes ha aumentado un **45%** en los últimos cinco años (IDC).	- **Procter & Gamble** utiliza análisis de datos para adaptar sus campañas de marketing en mercados como Brasil y Nigeria.
	- **IA en personalización**: el **70% de las empresas** que emplean IA en mercados emergentes informan un aumento en lealtad (PwC).	- **Netflix** usa IA para personalizar contenido, logrando un aumento de suscriptores en India y América Latina.
Riesgos y Desafíos en Mercados Emergentes	- La **inestabilidad política** es un riesgo importante; el **55%** de las empresas considera que afecta sus operaciones (Economist).	- **McDonald's** tuvo que cerrar temporalmente sus operaciones en Rusia durante conflictos geopolíticos, afectando sus ingresos.
	- En algunos países emergentes, la **corrupción** puede costar hasta un **5%** de	- **Siemens** estableció códigos éticos estrictos y un sistema de monitoreo en países con

	los ingresos de la empresa (Transparency Intl.).	antecedentes de corrupción para operar eficazmente.
	- La **competencia local** reduce en un **40%** las ganancias de empresas extranjeras en mercados emergentes (Harvard Business).	- **Uber** perdió participación de mercado en China y vendió sus operaciones a Didi debido a la intensa competencia local.

CAPÍTULO 5: INNOVACIÓN ESTRATÉGICA Y RESILIENCIA ORGANIZACIONAL

La dinámica actual del mundo empresarial ha convertido la capacidad de adaptación y resiliencia en componentes esenciales para el éxito a largo plazo. En un contexto donde los cambios se suceden de manera vertiginosa, desde la digitalización acelerada hasta las disrupciones sociales y económicas, la capacidad de innovar estratégicamente y construir una organización resiliente no es solo una ventaja, sino una necesidad. Este capítulo explora cómo construir una estrategia adaptativa capaz de evolucionar junto con el entorno, de tal manera que no solo se mantenga vigente, sino que además fortalezca la resiliencia de la organización ante cualquier crisis.

1. La Innovación Estratégica como Pilar de la Resiliencia

Una organización resiliente se distingue por su capacidad de innovar en sus procesos, productos y, sobre todo, en su estrategia. La innovación estratégica no se limita a idear nuevos productos o servicios; implica replantear cómo se concibe el propio modelo de negocio, la relación con los clientes y la manera en la que se ejecuta el trabajo. Una estrategia adaptativa busca anticipar los cambios y ajustar su curso según los desafíos y oportunidades que van emergiendo en el entorno.

Para lograrlo, es fundamental que las organizaciones adopten una mentalidad abierta a la experimentación y al aprendizaje continuo. Esto se traduce en la implementación de modelos ágiles y flexibles que permitan responder rápidamente a los cambios. En lugar de trabajar con planes a largo plazo rígidos, la estrategia adaptativa fomenta una visión a largo plazo con flexibilidad en el corto plazo. En este contexto, la teoría de juegos y la inteligencia artificial juegan un rol crucial para simular escenarios futuros y entender el posible comportamiento de competidores, clientes y otros agentes clave.

En otras palabras, la innovación estratégica es el motor que impulsa la resiliencia, ya que permite a la organización adaptarse a las nuevas realidades del mercado sin perder de vista sus objetivos de crecimiento y sostenibilidad.

2. Diseño de una Estrategia Adaptativa

Una estrategia adaptativa es aquella que se construye bajo el entendimiento de que el entorno es cambiante y que las oportunidades y amenazas pueden aparecer de manera inesperada. Este tipo de estrategia se caracteriza por ser:

- Flexible: Diseñada para ajustarse ante nuevos escenarios sin necesidad de rehacerla por completo.

- Predictiva y Proactiva: Emplea la IA y el análisis de datos para anticiparse a los cambios en el mercado.

- Colaborativa: Aprovecha el conocimiento colectivo y fomenta la cooperación entre todos los niveles de la organización.

Para construir una estrategia adaptativa, es importante entender y aplicar tres principios clave:

a) Detectar y Anticipar Cambios: El primer paso para desarrollar una estrategia adaptativa es establecer sistemas que permitan monitorear el entorno en tiempo real. La inteligencia artificial y el análisis de datos son esenciales para procesar grandes volúmenes de información y detectar patrones que indiquen cambios potenciales. Esta capacidad predictiva permite a las empresas no solo reaccionar ante los cambios, sino anticiparse a ellos. Aquí, la teoría de juegos puede ayudar a simular los posibles movimientos de competidores y actores clave del mercado, de modo que la organización pueda prever cómo influirán en sus propias decisiones estratégicas.

b) Capacitar para la Agilidad: La adaptabilidad no solo se encuentra en la estrategia sino también en las personas que componen la organización. Formar a los empleados para que respondan de manera ágil y efectiva ante cambios e incertidumbre es fundamental. La teoría de grupos puede ser una herramienta útil para entender cómo se forman equipos resilientes y cohesionados capaces de colaborar en condiciones de presión y cambio. Además, la capacitación continua y la promoción de una cultura de aprendizaje son claves para que el equipo no solo esté preparado para adaptarse, sino que también contribuya activamente a mejorar y ajustar la estrategia.

c) Integrar la Tecnología de Forma Estratégica: La tecnología debe ser vista como un aliado estratégico en el desarrollo de una estrategia adaptativa. Herramientas de inteligencia artificial, big data y automatización pueden ayudar a las organizaciones a hacer un seguimiento detallado del mercado y de sus operaciones, permitiendo ajustes más rápidos y eficientes. La integración tecnológica debe ser vista como un proceso gradual, donde cada herramienta es evaluada en términos de su impacto y capacidad para mejorar la agilidad organizacional. En este contexto, la IA no solo facilita la toma de decisiones basadas en datos, sino que también permite personalizar los productos y servicios para que se adapten mejor a las necesidades cambiantes de los clientes.

3. Construcción de una Cultura Organizacional Resiliente

La resiliencia organizacional no se construye solo desde la estrategia, sino también desde la cultura de la empresa. Una organización con una cultura resiliente es aquella donde los empleados se sienten seguros para experimentar, aprender de los fracasos y asumir riesgos calculados. Fomentar una mentalidad de crecimiento y adaptación dentro de la cultura organizacional es fundamental para que todos los niveles de la organización respondan de forma alineada y eficiente ante los desafíos.

a) Promover una Mentalidad de Crecimiento: Las organizaciones que fomentan una mentalidad de crecimiento en sus empleados logran que estos vean los problemas y obstáculos como oportunidades de aprendizaje. Una mentalidad de crecimiento implica abrirse a nuevas ideas, aceptar el cambio como parte del desarrollo y buscar siempre cómo mejorar. En la práctica, esto se traduce en la implementación de políticas que incentiven el aprendizaje continuo, la flexibilidad y el trabajo colaborativo.

b) Crear Espacios para la Experimentación: La experimentación debe estar en el ADN de una organización resiliente. Esto se logra proporcionando a los empleados un ambiente seguro donde se sientan libres para probar nuevas ideas sin miedo al fracaso. La teoría de juegos aplicada a la simulación de escenarios puede ayudar a prever las posibles consecuencias de estas ideas antes de llevarlas a la práctica, minimizando los riesgos asociados a la experimentación. Este enfoque fomenta la creatividad y abre la puerta a innovaciones que pueden ser cruciales para la adaptación de la organización ante cambios imprevistos.

c) Transparencia y Comunicación Abierta: En tiempos de incertidumbre, la comunicación clara y honesta dentro de la organización es fundamental. Los líderes deben ser capaces de comunicar los cambios de manera efectiva y explicar los motivos detrás de las decisiones estratégicas, para que el equipo se sienta involucrado y comprenda el rol que cada uno juega en el proceso de adaptación. Una comunicación abierta reduce el miedo y la desconfianza, y ayuda a que el equipo se mantenga cohesionado, incluso en los momentos más difíciles.

4. Inteligencia Artificial y Resiliencia: Más que un Recurso, un Aliado Estratégico

La IA no solo es una herramienta para el análisis de datos o la automatización de tareas repetitivas; también tiene un papel clave en la construcción de resiliencia organizacional. Al aprovechar el potencial de la inteligencia artificial, las empresas pueden mejorar sus procesos, personalizar sus productos y servicios y anticiparse a las necesidades de sus clientes.

En el contexto de la estrategia adaptativa, la IA permite realizar simulaciones de escenarios complejos, predecir tendencias en tiempo real y mejorar la toma de decisiones en situaciones de alta incertidumbre. Al utilizar algoritmos de aprendizaje automático, las organizaciones pueden identificar patrones en el comportamiento del mercado y los consumidores, ajustando así sus estrategias para mantener una ventaja competitiva.

Además, la IA facilita la gestión del conocimiento dentro de la organización. Al capturar, analizar y distribuir información clave de manera eficiente, la IA permite que los equipos de trabajo accedan a la información necesaria en el momento adecuado, mejorando la respuesta de la organización ante los cambios del entorno.

5. Ejemplo Práctico: La Estrategia Adaptativa de una Empresa Global

Consideremos el caso de una empresa tecnológica con presencia en varios países que implementó una estrategia adaptativa en respuesta a la pandemia global. Ante el cierre de oficinas físicas y la imposibilidad de mantener las operaciones presenciales, esta empresa se vio obligada a repensar su modelo de negocio. Para mantener su competitividad y responder a la nueva realidad, la empresa tomó una serie de pasos basados en los principios de la estrategia adaptativa y la resiliencia organizacional:

1. Inversión en Infraestructura Tecnológica: Implementaron soluciones de IA y big data para monitorear el mercado y prever cambios en la demanda, permitiendo que los equipos de ventas y marketing ajustaran sus estrategias en tiempo real.

2. Flexibilización de la Estructura Organizacional: La empresa introdujo equipos multidisciplinarios y un modelo de trabajo remoto que permitió que los empleados se adaptaran rápidamente a la nueva realidad. La teoría de grupos fue fundamental para entender cómo estructurar estos equipos para maximizar su efectividad y cohesión.

3. Enfoque en la Salud y el Bienestar del Empleado: Para fomentar una cultura de resiliencia, la empresa lanzó programas de apoyo y bienestar mental, reconociendo que el estrés y la incertidumbre impactaban la productividad. Esta atención al bienestar contribuyó a una cultura organizacional más fuerte y cohesionada, permitiendo que los empleados se sintieran valorados y comprometidos con la misión de la empresa.

4. Experimentación Continua: En lugar de centrarse en una única estrategia de mercado, la empresa experimentó con distintos enfoques en diferentes regiones, midiendo los resultados de cada iniciativa para luego adoptar aquellas que resultaron más exitosas. La teoría de juegos y la simulación de escenarios permitieron evaluar el impacto de estas iniciativas antes de implementarlas a mayor escala.

Innovación Estratégica y Resiliencia en un Entorno Global

La construcción de una estrategia adaptativa y el fortalecimiento de la resiliencia organizacional son componentes clave para las organizaciones que operan en un mundo globalizado y en constante cambio. La innovación estratégica es la herramienta que permite a las empresas mantenerse competitivas, mientras que la resiliencia organizacional es la base que garantiza la supervivencia en tiempos de crisis.

La integración de tecnologías avanzadas como la IA y el análisis de datos, junto con la implementación de modelos de gestión flexibles y colaborativos, son elementos esenciales para construir una organización adaptable y resiliente. En última instancia, una organización que se adapta y aprende de cada desafío se convierte en una entidad robusta, capaz de prosperar y liderar en un entorno de constante transformación.

La combinación de innovación estratégica y resiliencia organizacional no solo asegura el éxito a corto plazo, sino que también prepara a la organización para los desafíos del futuro, consolidando una posición de liderazgo en el mercado global. Con una visión clara, herramientas tecnológicas de vanguardia y una cultura organizacional orientada a la adaptabilidad, cualquier empresa puede desarrollar la capacidad de enfrentar y superar las crisis, garantizando su crecimiento y sostenibilidad a largo plazo.

Transformación Digital y Futuro del Trabajo

La transformación digital no es solo una cuestión de tecnología; es una revolución en la manera en que las organizaciones se estructuran, interactúan con sus clientes y gestionan el talento humano. En el contexto del futuro del trabajo, la transformación digital se convierte en una necesidad estratégica para enfrentar los cambios en el mercado laboral, adaptar las capacidades de la fuerza de trabajo y aprovechar la tecnología de forma inteligente y eficiente.

Este capítulo explora cómo las organizaciones pueden aprovechar la digitalización para anticiparse a las tendencias del futuro del trabajo, optimizar sus operaciones y mejorar su competitividad en un mundo en constante cambio. Desde la automatización de tareas hasta el trabajo remoto y la adopción de la inteligencia artificial, la transformación digital es la clave para preparar a la organización para el futuro laboral.

1. La Transformación Digital como Pilar Estratégico

La transformación digital no es un proyecto a corto plazo, sino un proceso continuo que busca integrar la tecnología en todos los aspectos de la organización. Esto implica adoptar nuevas herramientas, adaptar los modelos de negocio y crear una cultura organizacional que respalde la innovación y la adaptación. El objetivo de esta transformación no es solo modernizar las operaciones, sino también preparar a la organización para las demandas cambiantes del mercado laboral.

En términos estratégicos, la transformación digital permite a las organizaciones ser más ágiles, eficientes y competitivas. Al implementar tecnologías como el big data, la inteligencia artificial (IA) y la automatización, las empresas pueden mejorar su capacidad para tomar decisiones basadas en datos, reducir costos operativos y optimizar los recursos. De esta manera, no solo se optimizan los procesos, sino que también se construye una base sólida para el futuro del trabajo.

2. Futuro del Trabajo: Hacia un Entorno Laboral Digital y Flexible

El futuro del trabajo se caracteriza por la digitalización, la flexibilidad y la necesidad de habilidades constantemente actualizadas. Las tecnologías digitales están transformando la manera en que trabajamos y exigen que los empleados y las organizaciones desarrollen una mentalidad adaptativa y orientada al aprendizaje. Entre las tendencias más importantes del futuro del trabajo, se destacan:

- Automatización e Inteligencia Artificial: Estas tecnologías están eliminando tareas repetitivas y permitiendo a los empleados centrarse en actividades de mayor valor. La IA, en particular, tiene el potencial de transformar múltiples áreas, desde la atención al cliente hasta el análisis de datos y la toma de decisiones.

- Trabajo Remoto e Híbrido: La pandemia aceleró la adopción del trabajo remoto, y muchas organizaciones están optando ahora por modelos de trabajo híbrido que combinan el trabajo en oficina con el remoto. Esto permite a las empresas atraer talento global, reducir costos de oficina y mejorar el equilibrio entre la vida laboral y personal de los empleados.

- Nuevas Habilidades y Capacidades: En un mercado laboral en rápida evolución, las habilidades digitales, como la programación, el análisis de datos y la gestión de proyectos en entornos virtuales, se han vuelto indispensables. Las organizaciones deben capacitar y actualizar constantemente a sus empleados para mantener su competitividad.

- Énfasis en el Bienestar y la Productividad Personalizada: La tecnología también permite a las empresas crear entornos laborales más inclusivos y adaptados a las necesidades individuales de los empleados. Herramientas de productividad y plataformas de bienestar pueden ayudar a mejorar la satisfacción y el rendimiento de la fuerza laboral.

3. Automatización e Inteligencia Artificial: Redefiniendo Roles y Procesos

La automatización y la inteligencia artificial están cambiando radicalmente el panorama laboral, eliminando ciertos roles, pero también creando nuevas oportunidades y redefiniendo la naturaleza del trabajo. Las tareas rutinarias, que anteriormente requerían tiempo y esfuerzo humanos, ahora pueden ser realizadas de manera eficiente por sistemas automatizados. Esto permite a los empleados centrarse en actividades que requieren habilidades cognitivas superiores, creatividad y toma de decisiones estratégicas.

a) Automatización de Procesos y Tareas Repetitivas: La automatización de procesos robóticos (RPA, por sus siglas en inglés) permite a las organizaciones realizar tareas repetitivas, como la entrada de datos, de forma rápida y sin errores. Esto no solo reduce los costos, sino que también mejora la precisión y libera a los empleados de tareas tediosas, permitiéndoles enfocarse en proyectos más desafiantes. Sin embargo, para que esta automatización sea efectiva, es fundamental que las organizaciones identifiquen qué procesos son aptos para ser automatizados y cuáles requieren intervención humana.

b) Inteligencia Artificial y Análisis Predictivo: La IA y el análisis predictivo pueden ayudar a las organizaciones a anticipar necesidades y tomar decisiones informadas. Por ejemplo, el análisis predictivo en el ámbito de recursos humanos permite identificar tendencias en el comportamiento de los empleados, predecir la rotación y determinar cuáles equipos pueden necesitar refuerzo. Además, la IA puede ayudar en la personalización de la experiencia del cliente, permitiendo a las empresas ofrecer productos y servicios adaptados a las necesidades individuales de cada consumidor.

c) Redefinición de Roles Laborales: La automatización y la IA no reemplazan necesariamente a los empleados, sino que cambian la naturaleza de sus roles. En lugar de realizar tareas mecánicas, los empleados pueden ocupar roles estratégicos, de análisis y de supervisión. La teoría de juegos aplicada a la simulación de escenarios laborales puede ser una herramienta útil para analizar cómo la introducción de estas tecnologías afectará la estructura organizacional y los roles de los empleados, y cómo pueden aprovecharse para maximizar la eficiencia.

4. Desarrollo de Habilidades Digitales para el Futuro

Una de las claves para que las organizaciones prosperen en el futuro del trabajo es asegurarse de que su fuerza laboral esté equipada con las habilidades necesarias para afrontar los desafíos de un entorno digitalizado. Las habilidades técnicas, como el análisis de datos, la programación y la gestión de proyectos digitales, son fundamentales, pero también es esencial desarrollar habilidades blandas, como la adaptabilidad, la comunicación en entornos virtuales y la capacidad de aprendizaje continuo.

a) Capacitación Continua y Aprendizaje Adaptativo: En un entorno de rápida evolución, las habilidades que se requieren hoy pueden quedar obsoletas en pocos años. Las organizaciones deben invertir en programas de capacitación continua que no solo enseñen habilidades técnicas, sino que también fomenten la adaptabilidad y la disposición a aprender nuevas tecnologías. Las plataformas de aprendizaje en línea y los programas de certificación pueden ser una solución práctica para mantener a los empleados actualizados.

b) Colaboración entre Humanos y Tecnología: La colaboración entre humanos y tecnología es un componente esencial del futuro del trabajo. En lugar de ver a la tecnología como una amenaza, las organizaciones deben capacitar a sus empleados para que trabajen junto con herramientas de IA y sistemas automatizados. Esto implica desarrollar habilidades para interpretar datos generados por sistemas de IA, tomar decisiones basadas en datos y gestionar proyectos en colaboración con herramientas tecnológicas.

c) Fortalecimiento de Habilidades Blandas: Aunque las habilidades técnicas son importantes, las habilidades blandas son igual de cruciales para el éxito en el futuro del trabajo. La comunicación, la creatividad y la capacidad de resolución de problemas se vuelven indispensables en un entorno digital y globalizado. La teoría de grupos puede ayudar a entender cómo se forman equipos eficientes que combinan habilidades técnicas y blandas, maximizando el rendimiento y la innovación dentro de la organización.

5. Transformación Digital y Trabajo Remoto: Retos y Oportunidades

El trabajo remoto se ha convertido en una parte integral del futuro del trabajo, y las organizaciones deben adaptarse para gestionarlo de manera efectiva. La tecnología digital permite que los equipos trabajen desde cualquier lugar, lo cual ofrece ventajas, pero también plantea desafíos en términos de cohesión del equipo, productividad y bienestar de los empleados.

a) Herramientas de Comunicación y Colaboración: Para que el trabajo remoto sea efectivo, las organizaciones deben proporcionar a sus empleados herramientas de comunicación y colaboración digital. Plataformas como Slack, Microsoft Teams y Zoom han demostrado ser indispensables para mantener a los equipos conectados y alineados, permitiendo la colaboración en tiempo real y una comunicación fluida, independientemente de la ubicación física.

b) Equilibrio entre Flexibilidad y Productividad: Uno de los principales beneficios del trabajo remoto es la flexibilidad que ofrece, pero esta flexibilidad debe gestionarse adecuadamente para evitar problemas de productividad. Las organizaciones deben establecer políticas claras que definan expectativas, tiempos de respuesta y objetivos, para que los empleados puedan mantener un equilibrio entre la flexibilidad y la productividad. Aquí, la inteligencia artificial puede ayudar a optimizar los horarios de trabajo y distribuir la carga de trabajo de manera eficiente, asegurando que los equipos mantengan su rendimiento.

c) Bienestar y Cultura Organizacional en el Trabajo Remoto: El trabajo remoto puede ser una experiencia solitaria si no se gestionan adecuadamente las interacciones y el bienestar de los empleados. Las organizaciones deben esforzarse por crear una cultura organizacional que fomente la conexión y la colaboración entre los equipos, aunque estos trabajen desde lugares diferentes. Esto puede lograrse mediante reuniones virtuales regulares, actividades de team-building en línea y programas de apoyo emocional y mental.

6. Ejemplo Práctico: Una Empresa que Apuesta por el Futuro del Trabajo

Veamos el ejemplo de una empresa global de servicios que decidió implementar una transformación digital integral para preparar su organización para el futuro del trabajo. La empresa adoptó las siguientes iniciativas:

1. Automatización de Procesos de Backoffice: Automatizó tareas administrativas y repetitivas, liberando a los empleados para que se enfocaran en la atención al cliente y en proyectos de mayor valor. Esto no solo mejoró la eficiencia operativa, sino que también aumentó la satisfacción de los empleados al reducir la monotonía de sus labores.

2. Capacitación en Habilidades Digitales: Implementó un programa de capacitación en habilidades digitales y blandas, brindando a sus empleados acceso a plataformas de

aprendizaje en línea y a certificaciones reconocidas. Esto ayudó a la empresa a crear una fuerza laboral más adaptable y preparada para los cambios.

3. Modelo de Trabajo Híbrido y Flexibilidad Laboral: Adoptó un modelo de trabajo híbrido, permitiendo a los empleados elegir entre trabajar desde casa o en la oficina. Esto fue complementado con políticas de flexibilidad laboral que aseguraban un equilibrio entre la vida laboral y personal.

4. Bienestar y Cultura Organizacional: Lanzó programas de bienestar mental y apoyo emocional, además de establecer actividades virtuales de team-building para fortalecer la cohesión y el compromiso del equipo.

La transformación digital y el futuro del trabajo son inseparables en el contexto empresarial moderno. Para que una organización prospere, no solo necesita adoptar tecnología, sino también cultivar una cultura que valore el aprendizaje continuo, la adaptabilidad y el bienestar de sus empleados. A través de la digitalización y la innovación, las empresas pueden construir una fuerza laboral resiliente y preparada para los desafíos del futuro, consolidando su lugar en el mercado global.

Las organizaciones que invierten en la transformación digital y en el desarrollo de su talento humano estarán mejor preparadas para enfrentar los retos del futuro del trabajo y capitalizar las oportunidades que traerá el mundo laboral de mañana. Con una estrategia de digitalización bien definida, una fuerza laboral capacitada y una cultura orientada al bienestar y la flexibilidad, cualquier empresa puede prosperar en la era digital.

APÉNDICES

Apéndice A: Herramientas y Recursos para la Toma de Decisiones Estratégicas

Este apéndice ofrece una selección de recursos para aplicar los conceptos de teoría de juegos, inteligencia artificial y análisis de grupos en decisiones estratégicas. Aquí se incluyen plantillas, guías y software recomendados que harán más accesible y práctica la implementación de estos conocimientos en un entorno de negocios.

1. Plantillas de Toma de Decisiones Estratégicas

- Análisis de Escenarios: Esta plantilla permite a los líderes definir y explorar distintos escenarios estratégicos con variables clave como competidores, innovaciones tecnológicas y políticas de mercado. Los usuarios pueden evaluar cómo cada escenario impacta en sus objetivos organizacionales.

- Matriz de Juegos Competitivos: Basada en teoría de juegos, esta plantilla permite modelar escenarios de competencia entre empresas. Los usuarios pueden definir los "jugadores" (empresas o divisiones), sus "estrategias posibles" y calcular los resultados en función de las elecciones de cada uno.

- Mapa de Influencia de Grupos: Ideal para organizaciones que deben negociar o tomar decisiones con varios actores. Esta plantilla permite identificar el grado de influencia de cada grupo (stakeholders) y cómo su nivel de poder afecta las decisiones.

2. Guías Prácticas de Estrategia

- Teoría de Juegos Simplificada para Directivos: Esta guía de tres pasos ayuda a los líderes a entender la teoría de juegos aplicada sin necesidad de profundos conocimientos matemáticos. Instrucciones sobre cómo modelar escenarios de competencia, evaluar estrategias y anticipar los movimientos de los competidores.

- Implementación de IA en PYMES: Diseñada para organizaciones de pequeño a mediano tamaño, esta guía ofrece pasos prácticos sobre cómo introducir IA en la toma de decisiones sin realizar grandes inversiones. Desde la gestión de inventario hasta el análisis predictivo de clientes, se explican casos de uso específicos.

- Comunicación Efectiva en Análisis de Grupos: Una guía práctica para optimizar las decisiones tomadas en grupos mediante técnicas de consenso, gestión de conflictos y facilitación de diálogo. Diseñada para aplicarse en juntas directivas, reuniones de equipos y negociaciones internacionales.

3. Software y Herramientas Recomendadas

- AnyLogic: Una plataforma para simular modelos de teoría de juegos y procesos de negocio. Excelente para proyectos complejos, permite crear escenarios de decisiones y analizar sus resultados.

- IBM Watson: Una herramienta robusta de IA que puede ser utilizada para análisis predictivo y generación de recomendaciones. Su capacidad de procesamiento de lenguaje natural es ideal para gestionar grandes volúmenes de datos de clientes.

- Miro: Esta herramienta de colaboración en línea es perfecta para construir mapas de influencia y dinámicas de grupo. Con múltiples opciones de visualización y colaboración en tiempo real, facilita la toma de decisiones en equipo.

- RapidMiner: Un software de análisis de datos y machine learning con un enfoque intuitivo para quienes deseen incorporar IA en sus operaciones sin la necesidad de codificación avanzada.

- Canva for Business: Aunque conocido por diseño gráfico, Canva es un excelente recurso para comunicar decisiones estratégicas visualmente. Facilita la creación de matrices y mapas de análisis para presentaciones ejecutivas claras y atractivas.

Apéndice B: Estudios de Caso en Estrategia Internacional

En este apéndice, exploraremos ejemplos de empresas que han logrado aplicar teoría de juegos, inteligencia artificial y análisis de grupos en estrategias internacionales. Estos casos presentan lecciones prácticas y recomendaciones para mejorar la toma de decisiones en el contexto de negocios globalizados.

1. Caso 1: Netflix y la Teoría de Juegos en su Expansión Global

Netflix ha utilizado enfoques basados en teoría de juegos para tomar decisiones estratégicas clave en su expansión internacional. Por ejemplo, analizaron cómo reaccionarían competidores locales en países como India y Japón al ingreso de Netflix en sus mercados. Aplicando modelos de teoría de juegos, Netflix diseñó estrategias de precios, contenidos y alianzas que maximizaron su ventaja competitiva sin desencadenar respuestas agresivas de los competidores.

Lección clave: Netflix identificó y anticipó movimientos de sus competidores mediante simulaciones y análisis de juegos no cooperativos, lo que le permitió ajustar su estrategia para minimizar los riesgos.

2. Caso 2: Tesla y el Uso de IA para la Gestión de la Cadena de Suministro

Tesla, con su enfoque innovador en IA, ha optimizado su cadena de suministro, particularmente en la producción y distribución de vehículos eléctricos. Mediante sistemas de IA, Tesla puede predecir la demanda en diferentes mercados y ajustar la producción en tiempo real. Esta estrategia ha permitido a Tesla minimizar desperdicios, reducir costos y adaptarse rápidamente a cambios en la demanda.

Lección clave: Tesla demuestra cómo el uso estratégico de IA en la cadena de suministro puede reducir significativamente el tiempo de respuesta y maximizar la eficiencia, especialmente en mercados de alta competencia.

3. Caso 3: Unilever y el Análisis de Grupos para la Estrategia de Sostenibilidad

Unilever ha utilizado un enfoque de análisis de grupos para llevar a cabo su estrategia de sostenibilidad en varios países. Al trabajar con gobiernos, ONG y grupos comunitarios, Unilever ha podido comprender las necesidades específicas de cada mercado. Con este análisis, ha ajustado sus productos y campañas de responsabilidad social para tener mayor aceptación local y mejorar su imagen de marca.

Lección clave: La colaboración y el análisis de los diferentes grupos de interés han permitido a Unilever reducir riesgos y construir alianzas estratégicas en cada uno de los mercados internacionales donde opera.

4. Caso 4: Alibaba y la Estrategia de Juegos Cooperativos en Expansión Digital

Alibaba ha implementado una estrategia de juegos cooperativos con empresas de tecnología globales para facilitar su entrada en mercados internacionales. Al asociarse con compañías que ya tienen una base en estos países, Alibaba ha conseguido reducir costos de infraestructura y adaptarse mejor a los nuevos mercados.

Lección clave: Al aplicar una estrategia de juego cooperativo, Alibaba ha podido expandirse globalmente sin enfrentarse directamente a los competidores locales, aprovechando alianzas para obtener beneficios mutuos.

Apéndice C: Glosario de Términos Clave en Estrategia e Innovación

Este glosario incluye definiciones claras y concisas de los términos más importantes en teoría de juegos, inteligencia artificial y gestión estratégica. Cada término cuenta con una explicación breve para asegurar que tanto principiantes como avanzados puedan entender y aplicar estos conceptos.

Términos de Teoría de Juegos

- Juegos Cooperativos: Estrategias donde dos o más participantes colaboran para obtener un beneficio mutuo. Ejemplo: alianzas estratégicas entre empresas en un nuevo mercado.

- Equilibrio de Nash: Una situación donde ninguno de los "jugadores" puede mejorar su posición sin cambiar su estrategia, asumiendo que los otros mantendrán la suya. Es clave en análisis de competencia.

- Juegos No Cooperativos: Estrategias donde los jugadores no colaboran y buscan maximizar sus beneficios individuales. Un ejemplo típico es la competencia de precios.

Términos de Inteligencia Artificial

- Machine Learning: Un método de IA en el que los sistemas aprenden y mejoran automáticamente a partir de la experiencia. Es clave para análisis predictivo y toma de decisiones basada en datos.

- Redes Neuronales: Sistemas de IA que imitan el funcionamiento del cerebro humano, útiles para procesamiento de lenguaje natural y reconocimiento de patrones.

- Procesamiento del Lenguaje Natural (NLP): Rama de la IA que permite a las máquinas comprender y responder al lenguaje humano, siendo muy usada en servicios de atención al cliente y análisis de mercado.

Términos de Estrategia Internacional

- Estrategia de Entrada de Mercado: Plan desarrollado para penetrar en un nuevo mercado. Incluye análisis de competidores, condiciones de mercado, y requisitos regulatorios.

- Diversificación: Estrategia de expansión que implica añadir nuevos productos o servicios para reducir riesgos y aumentar oportunidades en distintos mercados.

- Alianzas Estratégicas: Acuerdos entre empresas para colaborar en áreas de interés mutuo sin fusionarse formalmente, útiles en expansión internacional.

Otros Conceptos Clave

- Análisis PEST: Herramienta de análisis externo para evaluar los factores políticos, económicos, sociales y tecnológicos que afectan una organización.

- Big Data: Conjunto de datos masivos que las empresas analizan para descubrir patrones y tomar decisiones informadas.

- Toma de Decisiones Basada en Evidencia (EBM): Método de gestión en el que se toman decisiones a partir de datos y estudios empíricos, en lugar de suposiciones o experiencias previas.

FIN